出海远航

中国企业的全球化之路

陈攀峰 著

中国友谊出版社

图书在版编目（CIP）数据

出海远航：中国企业的全球化之路 / 陈攀峰著. -- 北京：中国友谊出版公司, 2025. 6. -- ISBN 978-7-5057-6094-3

Ⅰ．F279.23

中国国家版本馆 CIP 数据核字第 2025G34Z76 号

书名	出海远航：中国企业的全球化之路
作者	陈攀峰
出版	中国友谊出版公司
策划	杭州蓝狮子文化创意股份有限公司
发行	杭州飞阅图书有限公司
经销	新华书店
制版	杭州真凯文化艺术有限公司
印刷	杭州钱江彩色印务有限公司
规格	710 毫米 × 1000 毫米　16 开 18 印张　220 千字
版次	2025 年 6 月第 1 版
印次	2025 年 6 月第 1 次印刷
书号	ISBN 978-7-5057-6094-3
定价	68.00 元
地址	北京市朝阳区西坝河南里 17 号楼
邮编	100028
电话	(010) 64678009

推荐序一

致敬改革开放，拥抱全球化

2021年1月，我在机场买了《华为全球化》一书，看完后觉得这正是天合光能股份有限公司（简称"天合光能"）需要学习和对标的中国企业全球化经验，于是马上联系了作者，自此也开启了天合光能与出海远民企业管理咨询有限公司的长期战略合作，合作领域包括全球化营销能力的提升和全球化人才管理体系的建立。攀峰老师每年都会前往天合光能的海外分公司协助项目落地，做了大量跨文化沟通和培训工作，我们已经把他和他的咨询团队当成了天合光能团队的一部分。

2024年年初，他就和我说在写一本关于中国企业全球化的新书，我也参与了目录的讨论。请我作序时，我欣然接受。本书系统地总结了改革开放以来中国企业全球化的五大阶段、可借鉴的十大模式和十大理念，通俗易懂地给出了中国企业该如何全球化的建议。当前全球化进入3.0时代，中国企业都在考虑出海，但普遍缺乏经验。本书的出版恰逢其时，将大大提升企业的全球化格局，也能让企业系统地了解全球化从战略到落地的各个环节。

回首改革开放40多年来，一大批中国企业蓬勃发展，在中国形成一定规模后就开始探索全球化之路。天合光能抓住了改革开放的历史机遇，怀着"用太阳能造福全人类"的愿景，从小到大、由弱变强，从常州走向全球。

早在2004年，天合光能就开始在德国等欧洲国家，以及北美和南美地区销售产品。当时我们面临的挑战和现在中国出海企业面临的挑战非常相似。我们大胆地招聘和使用当地员工，让当地主管来管理当地团队，让当地团队来拓展当地市场。事实证明，我们走出了一条独特的全球化之路，培养了一大批当地职业经理人。2006年天合光能在美国纽交所上市，成为第三家在美上市的中国民营企业，这也给天合光能提供了一次全面提升全球化管理水平的机会，尤其是在海外合规管理、ESG（环境、社会和公司治理）等领域。

中国企业全球化的第一阶段以产品外贸为主，企业主要靠产品的价格和性能取胜，形成了一些知名品牌，建立了海外当地团队。第二阶段，中国企业在海外建厂、上市、并购、投资等，让中国企业的全球影响力大大提升。中国企业取得了显著成就，但是国际政治格局的风云变幻和贸易摩擦对中国企业全球化提出了更高要求，中国企业必须大力提升本地化的能力，提升海外的经营管理能力，关注ESG领域，为相关利益方多创造价值、分享价值，充分融入当地，成为合格的全球企业公民。第三阶段，在"一带一路"倡议的框架下，中国企业正在参与一些国家和地区的战略转型，为它们提供产业支持。例如，天合光能就在参与中东国家的能源转型。

对于后续加入全球化浪潮的中国企业，我的建议是：

第一，要谨慎找切入点，精准了解海外当地的营商环境和客户需求。

第二，不要用中国企业的经营思维来管理全球业务。

第三，面对全球化的机会，要有一定的冒险精神和勇气。

高纪庆

天合光能股份有限公司副总经理

2024年6月

推荐序二

全球本地化是企业出海长期成功的基础

现在越来越多的中国企业在拓展国际业务，中国企业再次掀起全球化的浪潮，甚至有人说中国企业到了不出海就出局的阶段。我国企业看到了国际业务的机遇，随着国内企业竞争力的提升，它们有能力拓展全球业务，对增长的追求也让它们必须拓展海外业务。

随着过去几十年经济的高速发展，我国诞生了一批从小到大、从大到强、从国际化到全球化的企业。虽然当前的外部环境有了很大变化，但这些企业出海的成功经验，依然有非常重要的参考价值。同时我相信，国际业务及商业成功的逻辑并没有改变，就是以客户为中心，满足客户需求。对于出海或全球化企业，长期稳定发展的前提是成为一个合格的当地企业公民，成为一家受当地政府欢迎、受客户认可、受伙伴喜欢及让当地员工为之自豪的企业。遵守当地法律法规，融入当地文化，对当地社会有贡献，承担相应社会责任的企业公民，必须是一家全球本地化企业。

近期很多国内企业掀起了出海热潮，其实一家企业出不出海、出海到哪里，取决于企业的战略选择，而不是别人出海，自己也跟着出海。

企业为什么要出海？出海有没有商业价值？能不能盈利？何时盈利？

经常听到有人说出海是企业战略。如果确定出海是企业战略，请问支撑企业战略的具体措施有哪些？是长期主义还是机会主义？战略需要长期性，拒绝机会主义，这需要人、财、物的保证，不能让企业战略掩盖了其商业本质。出海的目的要回归业务本质，战略是对未来的抉择，出海的结果应该是企业活得好、活得长，基础是企业要盈利。

2005年，我被任命为华为欧洲总裁，全面负责欧洲业务的拓展，面临的困难和挑战很大。通信市场是具有极高门槛、高度封闭的市场，欧洲本土企业已经与运营商建立了几十年甚至百年的业务关系；通信网络也具有天然的垄断性和地方性，传统欧洲企业在运营商业务中的市场地位和所占市场份额是天然的屏障。作为来自东方的通信企业，华为面临极高的技术门槛和市场壁垒，从"Who is Huawei"开始，在欧洲这样的发达国家市场让客户认可并选择华为，难度可想而知。因此确定欧洲战略显得极为重要。2005年年初，我在伦敦的一个小酒店的地下室，召开了欧洲地区部战略研讨会，确定了以下几个原则：

1. 欧洲不仅是欧洲企业的本土市场，我们也应当作我们的本土市场来经营。

2. 严格遵守当地法律法规，营造良好的外部环境。开放、合作的良好外部环境是长远立足之本。

3. 维护行业规则，不破坏商业模式，既要竞争又要合作。

4. 不低价竞争，不成为压价工具，坚决不做损人不利己的事。

5. 保持开放心态，探索和谐合作模式，理性竞争。

6. 从被动响应客户需求转变为牵引运营商建网思路，树立华为领先者、创新者、具有长远发展目标、可持续发展的企业形象。

7. 欧洲是牵引企业发展，奠定企业国际市场地位，让企业跻身国际一流的战略高地。

我们坚定不移地执行这些原则，立足长远，不打价格战。如果通过价格把对手"卷"死，最终，对手一定会以多种方式把我们"卷"死。这令我们必须实现差异化、创新和技术领先，实现欧洲市场的突破，成为欧洲客户的战略伙伴。

在这些指导原则下，一线与企业研发紧密协同作战，紧紧围绕为客户创造价值的宗旨，将系统工程思想方法与通信产业特点结合，从运营商网络建设、运营和演进的全要素出发，从全生命周期视角，全局统筹协同进行移动通信网络各要素价值的创造性重新设计，产生了一系列重大创新，改变了运营商客户传统的采购评估模式和网络建设模式。经过4年来无数次的"战斗"和决定格局的"三大战役"，华为实现了所有主力产品攻破欧洲主力运营商，合同销售额从2004年的不到1亿美元，到2008年的30亿美元，增长30倍，彻底奠定了华为在欧洲市场的地位，赢得了客户，也赢得了竞争对手的尊重。

那时陈攀峰也已被派到欧洲地区部，见证了华为在欧洲攻坚克难的大发展。2006年，他协助我把欧洲地区部总部（简称"欧洲总部"）从英国搬迁至德国杜塞尔多夫，随后负责欧洲行政管理部，负责华为欧洲总部行政团队平台的建设和管理，克服重重困难，建立了一个中外融合、有序、高效的行政支撑平台，很好地支持了华为欧洲业务的拓展，也给地区部其他国家的行政管理分享了大量经验。行政平台在中国企业全球化过程中非常重要，所谓兵马未动粮草先行，行政工作事无巨细关乎员工的工作和生活，关乎员工的满意度，能激发员工的积极性。

陈攀峰经历了从欧洲地区到拉美地区的多次成功转岗，从技术服务到运作支撑，从行政管理到大客户销售，再从客户群总监到国家销售主管等岗位。这些轮岗的锻炼让他积累了丰富的全球化实战经验。本书是他2020年出版《华为全球化》后的第二本著作，提供了出海十大模式和十大理念，且每个模式和理念都有真实的中国企业全球化案例作为支撑。读者可以结合他的《华为全球化》，作为企业出海的有价值的参考。

受作者委托，是为序。

徐文伟

华为前董事、华为战略研究院前院长

华为欧洲市场开拓者

2024年6月10日

前言

自从2020年7月出版《华为全球化》后，我经常被问："我们中小企业普遍没有华为那么多的资源，该如何出海全球化呢？"还有很多企业喜欢刨根问底："我们缺乏国际化的人才，有没有什么捷径可以帮我们马上就招聘到当地团队？有没有什么捷径可以帮我们马上就扩大海外销售？有没有什么捷径可以帮我们规避海外所有的法律风险？"事实上，出海全球化是没有捷径可走的，既要企业一把手的战略决心，也要企业进行体系化的管理能力提升，还要全球化的组织布局和长期经验积累，这几项关键因素缺一不可。

这几年我一边给企业做全球化咨询，收集了大量企业出海的实际需求，一边也在积累素材和规划出版我的第二本书来回答"中国企业该如何出海全球化"这个问题，希望尽量做到以中国企业实际案例为基础，深入浅出，通俗易懂，为中国企业出海全球化提供可借鉴、可复制的经验和实操指导。想起自1999年第一次出国以来，我在欧洲和拉美地区多国工作和生活了20多年，学习了4门外语，跑了50多个国家，全球化这个话题可以说伴随着我的人生和职业发展。我认定中国企业未来将进一步引领全球化，所以，助力中国企业全球化是我计划在未来持续做的一件事情，此书也算是我为中国企业全球化这个伟大时代的到来，尽的一点绵薄之力！

2023年12月1日，我受邀参加墨西哥科阿韦拉州州长的就职仪式时，遇到了一批准备到墨西哥建厂的国内企业家。他们在和我的聊天中普遍提到

"国内太卷了"，来墨西哥也算是二次创业。尽管当地有太多未知和不确定，后续对企业内部管理团队的挑战也很大，但他们别无选择，必须浴火重生。2024年年初，手机微信朋友圈里铺天盖地地转发主题为"不出海，就出局"的文章，上海几乎每周都有多个行业好几个关于出海的论坛，仿佛出海全球化是所有问题的解决方案。在这样的大背景下，中国企业普遍主动或被动地考虑出海全球化。

改革开放40多年来，"引进来"做得非常好，中国企业出海全球化的"走出去"却做得不那么好。有专家说，这是因为中国企业家缺乏全球化的愿景和格局，这一点我是不认同的。因为中国企业家比谁都想把自己的产品卖到全球，所以但凡出海全球化这件事的门槛很低，很容易就可以做到，那么中国肯定早就产生一大批具有全球影响力的品牌了。也有专家说，中国企业全球化要学习日本的模式，先去欧美成熟市场，再去亚非拉国家市场，因为占领成熟市场后再去占领新兴市场更容易。殊不知，中国企业普遍缺乏的就是经验和资源，成熟市场往往对这两个方面的要求非常高，先去成熟市场非常容易出师不利、损兵折将。所以，先易后难，摸着石头过河，才是适合大部分中国企业当前实际情况的最佳方案。

2024年3月27日，美国财政部部长耶伦（Yellen）在接受美媒采访时表示，在她访问中国的行程中，她要当面警告中国"你们东西太便宜，搞得美国企业破产了"。"价廉物美"是海外客户对中国制造的普遍印象，是中国企业打开海外市场、出海全球化的撒手锏，但它也是中国制造在全球化过程中的悲哀。明明质量好、技术好、包装好，就是卖不出应有的价格。在国际市场上，客户普遍愿意为德国制造、日本制造支付高价，但普遍不愿意为中国制造支付溢价。这里面原因很多，如中国企业相互打价格战、恶性竞争，普遍缺乏品牌塑造能力等。全球品牌影响力百强排名中，长期上榜并成功塑造中国制造高端品牌的企业，只有华为等屈指可数的几家。如果一直无法成功塑造全球高端品牌，企业就永远难以赚取合理的利润用于产品研发和人才积累，也就无法可持续地发展，更无法关注当前较火的ESG领域。

值得一提的是，欧美企业的全球化，成就了一大批全球化的生态企业，例如美国的麦肯锡和德国的罗兰贝格这样的全球知名咨询公司，还有四大会计师事务所，这些企业都已经在全球主要国家有了自己的办公室和本地化团队。麦肯锡2023年的营收为160亿美元，而中国最大咨询公司的年营收还不到1亿美元，不及麦肯锡的1%。中国目前还没有形成规模化的出海服务商，更谈不上全球布局的服务商。目前市场上有提供法律服务、品牌服务、海外当地企业注册的服务商，也有做人力资源外包和招聘的，甚至很多移民机构和家族海外资产配置的服务公司也加入其中，可谓百家争鸣。2001—2004年我就职于索尼欧洲高科技中心和欧洲工商管理学院时，就看好中国企业全球化这个趋势。加入华为有些偶然，也是必然，因为当时的想法就是加入代表中国最高科技力量的企业之一，见证其全球化进程，也积累相关全球化实战经验。所以离开华为后，我在2019年3月创立了出海远民企业管理咨询有限公司，聚焦中国企业全球化的咨询、赋能、海外陪跑和建厂等服务，也聚集了一批拥有20年全球化实战经验的华为前同事，提供出海战略到落地的体系化的专业服务。

我相信，中国企业出海全球化，只有中国人才能讲好中国人的故事，也只有中国企业的实战经验才适用于中国企业。欧美咨询公司和欧美企业的全球化经验，是从高维市场到低维市场，从成熟市场到新兴市场。他们的全球化做法一般是"先有人再有单"，也就是先派遣一个国家主管，给予充分授权，招聘团队、搭建组织、进行产品培训和流程培训，然后再拓展客户和订单。而中国企业的全球化模式一般是"先有单再有人"，也就是先派出一批销售，在各国拜访客户和投标，如果可以成单，就进一步派人或就地招聘人员，搭建组织、进行产品培训和流程培训。

在写作本书的过程中，我力求把中国企业出海全球化这个格局宏大的话题抽丝剥茧、层层深入，确保做到我妈妈也能看懂。让我至今记忆犹新的是2003年在法国枫丹白露的欧洲工商管理学院工作时，卢克·范·沃森霍夫（Luk Van Wassenhove）教授曾对我说："再复杂的商业理论和案例，也一定要大道至简，我发表的所有论文，我妈妈都能看懂。"所以，我采用5W2H分析法，简明扼要地阐释了中国企业"为什么出海""谁来出海""何时出海""去哪里出海""怎样出海""用什么出海""要投入多少成本"。书稿也真的第一时间给我的妈妈看了。她是"老三届"的高中生，在江苏常州当地担任赤脚医生，她说自己完全能看懂。

在读者阅读此书、学习全球化实操方法的同时，我也非常想鼓励年轻人紧跟中国企业全球化的浪潮，趁青春年少，行万里路，学多门语言，开启全球化的人生。地球上有197个国家，每个国家都有自己独特的语言和文化，一定要保持强烈的好奇心，充满敬畏，不断学习。人与人之间最大的差距就是认知。

不光只是用中国的眼光来看世界，也要学会用世界的眼光来看中国，最后更要坚持用世界的眼光来看世界。

凡事要用自己的眼睛去看，用自己的耳朵去听，用自己的心灵去感受各国的风土人情。即使在网络发达的今天，我们仍然会有很多认知盲区，或者说有些偏见明明已经根深蒂固，我们却浑然不觉。例如大家普遍对拉美地区知之甚少，对墨西哥知道得更是少之又少。我在近期的多次演讲中做过这样一个现场测试：让学员猜墨西哥在全球的GDP排名。大家普遍给出的答案是100多名，或者50多名。要知道，其中不少学员是经常全球跑业务的销售主管！根据国际货币基金组织的数据，2023年墨西哥在全球20个最大经济体排名中上升4位，位居第12位，超越了韩国、澳大利亚和西班牙。

本书提及了天合光能、比亚迪股份有限公司（简称"比亚迪"）、TCL科技集团股份有限公司（简称"TCL"）、江南模塑科技股份有限公司（简称"模塑科技"）、名创优品等大量真实企业案例。我尽量保持与企业家朋友的访谈和互动，确保本书的真实性和时效性，在此对他们精彩的观点分享表示感谢！中国企业出海全球化，"横看成岭侧成峰，远近高低各不同"，没有调查就没有发言权。大家可以直接了解企业案例参与者的分享，可以带着旁观者的视角思考，也可以带着发展的眼光去看这些成功企业案例的后续演变。

最后特别想感谢我的家人，他们总是让我可以聚焦自己的事情。尤其是2024年全家在越南过年期间，我可以一边陪伴他们休假，一边整理文稿。每到山重水复疑无路时，看到孩子们（陈墨礼和陈德一）在芽庄海边夕阳下嬉戏的场景，仿佛总能柳暗花明。年轻时，总觉得天高任鸟飞，好男儿就应该志在四方，每到假期我就喜欢背起行囊去探索新的国家，打个电话回家都觉得可能会错过更多精彩瞬间，那时候感觉这才叫有追求的国际化人生！直到这几年回到国内，我才逐渐发现原来幸福可以很简单，而全球化也已经是我们生活的一部分了。

无论是中美博弈、俄乌战争、哈以冲突，还是南海危机，未来演变扑朔迷离，在这样的百年未有之大变局下，我们作为个人也好，企业也好，其实都非常渺小，没有能力去改变什么。但是中国企业全球化的趋势不会变，一代人有一代人的使命，时代已经在呼唤越来越多的中国企业走向全球。如果每一个出海人、每一个出海企业，都持之以恒地做好自己的事情，涓涓细流，终成大海！

中国企业全球化，大势所趋，行则将至，做则必成！

陈攀峰

2024年4月5日于常州

目录

推荐序一　**致敬改革开放，拥抱全球化** // 01

推荐序二　**全球本地化是企业出海**
　　　　　长期成功的基础 // 03

前　　言 // 07

01　中国企业全球化的趋势与挑战

中国企业全球化的趋势　　// 003

出海热门行业展望　　// 014

中国企业全球化的五大阶段　　// 027

02　中国企业可借鉴的十大模式

模式一：产品外贸　　// 039

模式二：海外工程　　// 041

模式三：渠道销售　　// 043

模式四：直接建厂　　// 045

模式五：海外并购　　// 048

模式六：海外上市　　// 051

模式七：资源获取　　// 053

模式八：海外投资　　// 055

模式九：互联网出海　// 057

模式十：工业园出海　// 059

03　中国企业可借鉴的十大理念

理念一：长期坚守　　// 066

理念二：天道酬勤　　// 070

理念三：客户导向　　// 073

理念四：先易后难　　// 075

理念五：入乡随俗　　// 077

理念六：决策前移　　// 079

理念七：灵活商务　　// 081

理念八：打造样板　　// 083

理念九：竞争合作　　// 085

理念十：激励冲锋　　// 087

目录

04 中国企业全球化的战略规划

什么是出海全球化　// 092

为什么出海　// 093

谁来出海：出海的人才管理　// 103

何时出海：出海的时机选择　// 116

去哪里出海：出海的目的地选择　// 120

如何出海：出海的战略制定　// 145

出海的成本管控　// 155

05 跨文化管理

跨文化管理的定义与重要性　// 167

跨文化管理的常见问题和建议　// 171

06 合规管理与 ESG

合规管理　// 185

ESG　// 198

07 中国企业全球化的企业案例

中国企业全球化的典型教训　　// 209

比亚迪：技术驱动，全球布局　　// 218

天合光能：多业务协同并进，打造一体化优势　　// 227

TCL：从"国际化"到"全球化"　　// 235

大疆：生而全球化　　// 242

名创优品：全球零售业中的超级品牌　　// 252

后　　记　// 261

参考文献　// 264

01
中国企业全球化的趋势与挑战

中国企业全球化的趋势

不出海，就出局

出海全球化，从来就不是一个新话题。改革开放以来一直有中国企业在布局全球化，中国商品也已经被卖到了世界的每一个角落。中国企业在全球化的舞台上从无到有、从有到大，但大而不强，与中国GDP世界第二的地位不相称的是，中国缺乏拥有全球竞争力的世界一流企业。

无论是党和国家领导人还是企业界的领袖，都早就认识到了中国企业出海全球化的趋势和重要性；海外专家也坚定地认为，全球化比以往影响力更大，中美关系是全球化的关键所在。

2017年10月，习近平总书记在中国共产党第十九次全国代表大会报告中指出，要"培育具有全球竞争力的世界一流企业"。2022年10月，习近平总书记在中国共产党第二十次全国代表大会报告中指出，要"加快建设世界一流企业"。世界一流企业是产品卓越、品牌卓著、创新领先、治理现代的企业。

2020年8月，阿里巴巴的创始人马云在央视新闻《相对论》访谈中表示："我觉得'全球化'并不是一个年轻的概念——我们的祖先从非洲出走，哥伦布的冒险，再到郑和下西洋……任何国家、任何人，都在不断追求

'全球化'。今天，'全球化'碰上挫折，但我们的祖先也碰上过挫折。这样的挫折，100年、200年以后，也会存在，但'全球化'的势头不可阻止，永远是人类追求的一个最主要的发展方向。"他又在2020年9月29日的中国绿公司年会的演讲中表示："今天才是真正的全球化开始的时候""今天是昨天的、原来的、传统的、工业时代的全球化正在终结，新的、真正的、数字时代的全球化才刚刚开始。""新一轮的全球化，中国将会从'卖卖卖'变成'买买买'。""新的全球化是一种服务世界的能力。"

2021年6月9日，TCL董事长李东生在亚布力中国企业家论坛第二十一届年会上发表了题为《以"全球化"破"逆全球化"》的主题演讲，他说："这一轮'逆全球化'的影响虽然很大，但我认为它改变不了'经济全球化'的大趋势。任何经济活动背后还是靠市场力量驱动的，经济全球化最重要的一个特征就是能充分发挥出不同国家和地区的相对比较优势，这个优势要通过贸易、交换来产生，这是经济全球化的基本格局。"他还进一步分享了TCL全球化布局对中国企业全球化的启示：第一，中国企业要敢于"走出去"，也必须要"走出去"。中国制造业占全球制造业的28%，有相对比较优势，其巨大的产能，单靠中国市场是消化不了的，一定要在全球化经营方面取得突破，这一点，在战略上大家要有清晰的认识和正确的判断，要坚定地推进全球化业务。第二，中国企业在走出去的过程中，要将全球化和本土化进行结合。以前中国只是卖产品出去，近十年来，全球化增长更多的是靠"走出去"真正建立起全球产业链布局，把前端深入到目标国家。发展业务的同时还得对当地的经济、社会发展要有贡献。第三，加强研发，推动产业向价值链的中高端升级，在全球产业格局中建立竞争优势。

2023年3月，美国《纽约时报》专栏作家、《世界是平的》作者托马斯·弗里德曼（Thomas Friedman）在中国参加中国发展高层论坛。他在接受采访时表示："世界比以往任何时候都要更平，因为当今世界是相互联系的、相互依赖的，甚至已经融合。全球化比以往影响力更大、传播更快、覆盖面更广。美中关系一直是全球化的真正核心引擎，美中关系是全球化的关键所在。"他还对"全球化已经结束"的论调进行了驳斥，他认为，全球化概念并不仅限于贸易。有些经济学家认为他们可以给"平坦"下定义：如果跨国贸易上升，就是全球化，那么世界就是平的；如果贸易下降，他们便认为全球化已经结束。而弗里德曼认为，世界之所以是平的，更在于个人在全球范围内行动的能力。人与人可以在全球范围内跨国见面，在全球范围内"云上"交流，新闻可以在一秒内触达全球受众，各国企业可以在全球范围内合作。

2024年1月16日，李强总理在达沃斯世界经济论坛开幕式上做了特别致辞，特别强调"中国经济稳健前行，将持续为世界经济发展提供强大动力。中国是全球发展的重要引擎，这些年对世界经济增长贡献率一直保持在30%左右""中国的对外开放坚定不移""现在中国已经是140多个国家和地区的主要贸易伙伴，关税总水平已降至7.3%，接近世贸组织发达成员水平"。

在工业基础方面，中国是世界上唯一一个拥有联合国所确定的所有工业门类的国家。中国制造业增加值约占全球总量的30%，连续14年位居世界第一。全国已形成200多个较为完善的产业集群，产业规模大、结构全面、支撑体系健全，为社会生产力快速发展提供了有力支撑。此外，它对促进生产要素的全球分布和提高综合生产能力具有重要作用。

从资源禀赋的角度看，中国正在经历从"人口红利"向"人才红利"的转变，拥有世界上最多的人力资源。资本要素已经从稀缺演变为丰富，中国每年的资本形成现在约占全球总量的30%。

在创新方面，中国的总体研发支出和高技术领域投资连续多年保持两位数增长。云计算、大数据、人工智能（AI）、区块链等前沿技术加速应用，智能设备、机器人、远程医疗等新产业、新商业模式不断涌现。高新技术企业数量激增至近40万家，"独角兽"企业数量仅次于美国。

由此可见，出海全球化将是中国企业未来发展和提升实力的必由之路。不管你从事哪一个行业、规模有多大，即使你不走出国门，你的同行或潜在竞争者也可能是来自全世界的。中国企业只想在一国、一市场和一行业内居安而不思危，是不现实的，不管是主动还是被动，中国企业出海全球化已经是企业领导者不得不面对和思考的问题，也是中国企业成为世界一流企业的必由之路。企业发展到一定阶段，进行全球化布局不仅可以实现本身产业链向高端转型升级，同时也是企业在全球市场范围内配置各种资源、提升竞争力的途径。

2020年突如其来的新冠疫情给企业出海全球化带来了很大的影响，因为人们连出国都几乎不可能，企业自然也就无法进行海外布局与业务拓展了。2022年年底全面放开疫情管控后，各行各业都掀起了气势磅礴的新出海热潮，江浙等沿海省份政府甚至迫不及待地组团出海，协助企业拓展海外业务。这轮新出海浪潮与2001年中国加入世界贸易组织（WTO）后的外贸浪潮、2008年金融危机后的中国企业海外收购浪潮，以及2013年后的互联网出海浪潮完全不同。出海全球化，已成为疫情后中国企业和中国经济破局的一个热门话题；出海全球化，也从中国企业的可选项变成了必选项！

这轮新出海浪潮相比之前，所面临的外部环境已经发生了翻天覆地的变化。一方面，有中美贸易摩擦和很多敏感领域的卡脖子封锁；另一方面，还有俄乌战争、哈以冲突、南海危机等众多不稳定因素。我们处在百年未遇之大变局下，中国企业出海必将面临更大的挑战。

中美两国是世界上最大的两个经济体，中美关系也是当今世界上最为重要的双边关系之一，中美关系的和谐发展对于全球的政治、经济和安全都有着深远的影响。近年来，中美关系面临诸多挑战，但两国"你中有我，我中有你"，双边合作趋势不可避免。据2023年美国商务部发布的数据，2022年中美商品贸易额创历史新高，达到了6906亿美元，这个数字充分展示了这一点。中美之间越能找到合作共赢的方式，整个全球化趋势就越能在各个方面得到发展。中美关系的走向，也确实影响着未来中国企业的全球化进程。

中国企业出海的重心将偏向亚太、欧洲和"一带一路"沿线友好国家的市场，投资领域会从能源、基础设施等传统领域，拓展到更加广阔和新兴的领域。另外，中国的高新技术、智能制造企业正加大"走出去"的步伐，并逐渐走向全球产业链的高端，海外绿地投资[1]也有望回暖。

软实力任重而道远

企业的全球化竞争力包含硬实力和软实力，两者缺一不可。中国企业的硬实力已经有了翻天覆地的变化，这是有目共睹的；然而软实力相比西方跨国公司还有很大的差距，可谓冰冻三尺，非一日之寒。

联合国贸易和发展会议发布的《世界投资报告（2023版）》显示，2023年全球最大的100家跨国公司的跨国指数（海外资产、海外销售与海外雇员

---

[1] 绿地投资又称新建投资，指跨国公司等投资主体在东道国境内设置的部分或全部资产所有权归外国投资者所有的企业。这类投资会直接提升东道国的生产能力和就业率。

占总资产、总销售和总雇员的比例的平均数）为61.7%。而2023年中国企业联合会、中国企业家协会向社会发布的"2023中国跨国公司100大及跨国指数"中给出的跨国指数是15.9%，与61.7%相比仍差距巨大。跨国指数低，意味着中国企业整合全球资源的能力低，企业价值链主要是国内价值链而不是全球价值链，这说明中国的跨国公司还处在全球化的初级阶段。

从另一组对比，我们可以看出中国企业的全球品牌影响力仍然很小。品牌战略管理咨询企业英图博略（Interbrand）的榜单，是全球最权威的企业品牌影响力排名之一。根据2023年英图博略全球百强排名，全球最具价值品牌的总价值增长了5.7%，达到3.3万亿美元。排名显示美国有51家企业上榜，而中国只有2家。榜单前5名依然被互联网科技类企业占据，其中苹果以品牌价值5026.8亿美元再次占据榜首，微软以品牌价值3166.59亿美元排名第二，亚马逊以品牌价值2769.29亿美元排名第三，谷歌、三星分别位列第四、第五名。中国企业中，小米、华为两家企业再度进入榜单，小米是第八十七名，相比上一年排名下降了3位，品牌价值为72.66亿美元；华为是第九十二名，排名下降了6位，品牌价值为65.12亿美元。值得一提的是，排名前10的企业中，除了美国的6家，还有韩国的三星（第五名）、日本的丰田（第六名），以及德国的奔驰（第七名）和宝马（第十名）。可见，在全球化的舞台上，中国品牌要做到家喻户晓、深入人心，还有很长的路要走。

中国企业较弱的全球品牌影响力和中国企业的大规模营收是完全不相称的。从《财富》杂志全球企业500强榜单来看，1995年时，中国只有1家企业（中粮集团）进入榜单。到了2023年，中国企业上榜数量已达到142家，超过美国的136家，成为全球上榜企业数量最多的国家（见表1-1）。世界500强的前100名中，中国有31家，美国有36家。从营业收入看，排在前三的企业依次为沃尔玛、沙特阿拉伯国家石油公司（简称"沙特阿美"）、国家电网，其中沃尔玛连续10年排名第一；前10阵营中有3家中国企业，分别为国家电网、中国石油和中国石化。国家电网营业收入较排名第一的沃尔玛低812.81亿美元，较排名第二的沙特阿美低736.50亿美元，但也实现了对常年压其一头的亚马逊的超越。

表1-1　1995年和2023年中美入榜企业数量对比

	中国	美国
1995年《财富》全球企业500强	1	151
2023年《财富》全球企业500强	142	136
2023年英图博略全球品牌100强	2（小米第87名，华为第92名）	51

"科技引领发展，创新赢得未来"，对于企业来说，创新能力是至关重要的。企业全球化过程中，唯有不断创新才能让企业抢先一步占领市场，拉开与竞争对手的距离。全球顶尖的管理咨询公司波士顿公布了"2023年全球最具创新力公司前50强"榜单，其中美国有25家，中国有8家，且只有2家进入了前20强，分别是排名第8的华为和第9的比亚迪（见表1-2）。从企业创新这个角度来说，中国企业还有很大的提升空间。

表1-2　波士顿公布的2023年全球最具创新力公司前50强榜单（部分）

国家	总数	部分公司名称及排名
美国	25家	1.苹果　2.特斯拉　3.亚马逊　4.谷歌　5.微软　6.莫德纳等
中国	8家	8.华为　9.比亚迪　29.小米　32.中国石化　36.字节跳动　44.阿里巴巴　46.中国石油　48.联想

（续表）

国家	总数	部分公司名称及排名
德国	5家	10.西门子 23.BioNTech 37.博世 43.奔驰 49.宝马
瑞士	3家	21.罗氏 27.雀巢 39.嘉能可
日本	3家	31.索尼 33.日立 47.日本电报电话公司
澳大利亚	2家	24.壳牌 50.联合利华
法国	1家	25.施耐德电气
韩国	1家	7.三星
印度	1家	20.塔塔
沙特阿拉伯	1家	41.沙特阿美

资料来源：波士顿咨询集团（BCG）.Reaching New Heights in Uncertain Times[EB/OL].（2023-3-23）.https://www.bcg.com/publications/2023/advantages-through-innovation-in-uncertain-times.

所以说，改革开放以来，随着中国企业逐渐走上全球化之路，单纯从《财富》全球企业500强榜单来看，中国企业"从无到有，从有到大"，一方面取得了一定的成果，甚至在有些行业大有后来者居上的趋势；但是从全球化标准指标的角度来看，在品牌影响力和创新能力这样的软实力方面，中国企业还远远落后于欧美企业，也就是"大而不强"，这非常值得深思。中国非常缺乏像华为一样具备全球竞争力的企业，必须加快建设世界一流企业的步伐！

中国企业全球化之路，任重而道远！

"一带一路"下的中国企业全球化

2013年至2023年10月，中国与"一带一路"共建国家进出口总额累计超过21万亿美元，对共建国家直接投资累计超过2700亿美元。中国企业在

"一带一路"沿线国家建设了一批境外经贸合作区，2022年直接累计投资达571.3亿美元，成为当地经济增长、产业集聚的重要平台，带动东道国就业42.1万人。10年来，我国与五大洲的150多个国家和30多个国际组织签署了200余份共建"一带一路"的合作文件。

"一带一路"既是中国企业全球化的机遇，也赋予了企业新的使命，更对中国企业提出了新的要求。中国企业在全球化过程中谋求合作的同时，也要成为民心相通的主体或支持者，更要重视履行社会责任、合法合规经营、保护环境等，而这些领域对中国企业的挑战很大。

2019年4月至6月，由全国工商联牵头，各省市区工商联、各直属商会联动，917家民营企业参与了"'一带一路'沿线中国民营企业现状问卷调查"。调查结果见表1-3，中国民营企业总体运营平稳、良好，对未来发展信心度高。其中31.5%的企业刚开始面临的困难较多，现在运营得比较顺利；而表示经营一直很困难的企业占6.4%；同时83.2%的受访企业对全球化的未来发展持积极乐观的态度，即使目前企业经营状况比较困难或波动比较大，他们也对未来的发展持积极的态度。另外，调查显示，多半企业实现增收，且利润较为可观，超半数企业（50.9%）目前处于盈利状态。其中，当年即实现盈利的企业占19.1%，3年内实现盈利的累计占比27.7%，5年内实现盈利的累计占比47.9%。

表1-3 受访企业从开始运营至今的总体运营情况

总体运营情况	比例（%）
开始困难较多，现在经营得比较顺利	31.5
企业经营一直比较顺利	30.6

（续表）

总体运营情况	比例（%）
开始比较顺利，现在面临的困难较多	12.6
经营状况不稳定，波动较大	10.4
企业经营一直很困难	6.4

资料来源：全国工商联.《"一带一路"沿线中国民营企业现状调查研究报告》[EB/OL].（2019-11-21）.https://www.yidaiyilu.gov.cn/wcm.files/upload/CMSydylgw/201912/201912060530002.pdf.

2022年9月7日，全国工商联发布的《2022中国民营企业500强调研分析报告》显示，2021年有195家民营500强企业参与了"一带一路"共建，未来3年，共有287家500强企业有意向参与"一带一路"建设，占比高达57.40%。

2024年3月，中国国际贸易促进委员会发布的《2023年度中国企业对外投资现状及意向调查报告》显示，受访企业对外投资呈现以下重要特征：开拓海外市场（62.9%）、提升品牌国际知名度（43.6%）、服务国内产业升级（37.0%）是企业出海的最主要目的；超半数企业2022年对外投资收益率增加或保持稳定；约八成企业国际化水平较低；企业对外投资小额项目占比较高，截至2022年年底，46.5%的企业对外投资额低于1000万美元，18.8%的企业对外投资额超过1亿美元；"一带一路"共建国家是企业对外投资首选地（66.9%），欧盟紧随其后（10.8%）；近八成企业在东道国投资及生产经营过程中遇到过合规问题，超五成企业设立了独立合规部门。

如表1-4所示，企业在东道国投资可能会遇到人才缺乏、投资回报率下降、投资信息较难准确获取、资金周转困难、专利技术壁垒等困难与挑战，其中人才缺乏的占比已从2022年的41.6%提升到2023年的56.8%；投资信息较难准确获取的占比也在逐年提升，从2021年的33.9%提升到了2023年的52.1%；专利技术壁垒的占比2023年提升速度较快，已从2022年的16.6%提升到了2023年的27.2%。

表1-4　企业在东道国投资（可能）遇到的商业性困难与挑战占比

商业性困难与挑战	2021年（%）	2022年（%）	2023年（%）
人才缺乏	42.0	41.6	56.8
投资回报率下降	52.2	48.6	53.6
投资信息较难准确获取	33.9	37.5	52.1
资金周转困难	43.1	34.1	43.5
专利技术壁垒	16.7	16.6	27.2

资料来源：张凡.超九成企业看好对外投资前景[N].中国贸易报，2024-04-02（第A4版）.

出海热门行业展望

从自主研发的新能源汽车到开拓国际化布局的医疗器械,再到受众极广的短视频应用软件,越来越多的中国企业正加速出海全球化的步伐。从2023年中国各行业出海全球化的表现来看,热门行业包括了新能源汽车、锂电池、光伏产品、医疗器械、电商、云计算等。

以新能源汽车、锂电池与光伏产品为代表的"新三样",成为我国外贸出口的新优势。根据海关总署的数据,2023年,"新三样"产品合计出口1.06万亿元人民币,首次突破万亿元大关,同比增长29.9%。新能源汽车出海势头远超传统燃油汽车,海外市场进一步扩大;中国动力电池出货量领跑世界;光伏产品出口量保持增长态势。其中最引人注目的是,2023年我国汽车出口直接跨越500万辆的大关,从2022年的311万辆跃升至2023年的522万辆,超越日本成为世界第一大汽车出口国。汽车制造业是中国目前工业化程度高、产业链条丰富、规模庞大的制造业部门,中国成为世界汽车第一出口大国,是中国工业化和现代化进程的标志性事件。

值得注意的是,"新三样"的异军突起并不意味着我国的"老三样"就出现了衰退。2023年,以服装、家具与家电为代表的"老三样"出口地位仍然保持稳定,中国家具、家用电器的生产和出口规模稳居世界首位。更重要的是,这些传统产业的出口产品已不再是标准化、大众化的传统"大路货",而是科技含量较高的个性化、高端化、智能化升级版"老三样"。

新能源汽车：中国品牌重塑汽车产业生态

2021年以前，我国的汽车出口量连续10年每年在100万辆左右。根据中国汽车工业协会公布的数据，2021年汽车出口数量翻倍，高达212万辆，首次突破200万辆；2022年进一步猛增，出口量达到332万辆；2023年再次大幅增长，出口数量为522万辆，同比增长57.2%，超越并大幅领先日本，成功登顶世界汽车出口第一名；其中，新能源汽车出口120.3万辆，同比增长77.6%；目前每4辆出口汽车中就有近1辆是新能源汽车。

目前新能源汽车产业的全球生产布局尚未成熟，中国正处于长期布局与品牌塑造的历史机遇期。一方面，"新三样"企业的群体性崛起与出海吸引了更多国外老牌企业来华投资，谋求合作，如特斯拉等众多海外车企在华设立研发中心与制造工厂；另一方面，中国新能源汽车正在成为推动全球汽车生产网络重塑的重要力量。目前，我国汽车与零部件厂商已开始"组团"将生产链条布局到全球，海外基础设施建设参与度不断提高。例如，比亚迪将海外出口市场布局从大洋洲、欧洲与东南亚扩大至南亚、中亚、西亚与非洲等地，将电机、电池等技术成果传递给上游企业，并为下游海外消费者提供优质服务。新能源汽车出海已不仅仅是输出产品，而是输出产能与配套的高端服务。这一过程能够实现中国技术向外扩散，由低附加值产能向高附加值产能转化，有利于中国企业在全球布设汽车产业链，与海外汽车产业深入合作，最终实现互利共赢。

特斯拉2023年全球销量超过了180万辆，其中特斯拉上海超级工厂贡献了大量的产能，而上海工厂生产的特斯拉车型不仅供给国内市场，还要出口海外。从数据来看，特斯拉2023年的出口量约34.4万辆（见表1-5），表现相当强势。

表1-5　2023年中国新能源汽车出口量前10的品牌

排名	品牌	出口量/辆
1	特斯拉	344 078
2	比亚迪	242 759
3	名爵	207 286
4	Smart	24 732
5	东风纳米	24 441
6	五菱	24 037
7	欧拉	20 502
8	哪吒	15 913
9	荣威	15 199
10	创维	10 648

数据来源：乘用车市场信息联席会出口量数据

比亚迪2023年全球销量超过了300万辆，毫无悬念地拿下了全球新能源汽车销量第一的头衔，连续多月销量超过30万辆，整体表现相当强势。然而如表1-5所示，2023年比亚迪出口海外的车型一共只有24万辆左右，还没有国内一个月的销量高。其中有很多原因，包括比亚迪的插电混动车型在很多海外市场很难获得和纯电车一样的补贴地位。

名爵是出口量处于第三位的品牌，虽然名爵品牌的新能源汽车在国内市场的销量并不是非常亮眼，但是其新能源汽车乃至于整个品牌在海外市场的表现一直都非常不错。在成为自主品牌之前，名爵也是全球品牌，这意味着它在很多海外市场拥有很大的品牌影响力。

锂电池：从爆发式增长到掘金海外

在全球汽车电动化及储能快速发展的大背景下，市场对锂电池的需求也呈现出爆发式增长。2023年锂电池企业持续扩产，而新建产能正随之快速释放。尚普咨询的数据显示，2022年中国锂电池产量达到500 GW·h（吉瓦时），占全球总产量的66.7%。中国化学与物理电源行业协会发布统计称，2023年我国锂电池累计出口额为650.07亿美元，2022年同期为508.76亿美元，同比增长27.8%，创下新高。伴随这一进程，锂电池行业正遭遇关键材料的阶段性产能过剩和结构性失衡，同时，众多不同领域的企业纷纷加入竞争，导致了激烈的行业内部竞争。

为应对产能过剩的问题，中国的锂电池企业开始寻求海外市场的机会，希望通过拓展国际市场来减轻国内的竞争压力，并推动业务的全球扩张。中国新能源产业出海目的地的选择，主要由资源和市场订单两大因素驱动。这意味着其目的地一类是非洲、南美洲及澳大利亚、印度尼西亚等与锂电相关的矿产资源较为丰富的国家和地区；另一类则是以欧洲、北美、东南亚等地区为代表的新能源汽车渗透率较低但政府扶持力度较大的市场。

宁德时代新能源科技股份有限公司（简称"宁德时代"）在2014年于德国设立了首个海外全资子公司，并与宝马集团展开了三元锂电池的合作。在产业链上游，宁德时代在2019年投资了澳大利亚的锂矿企业，并在两年后扩展到非洲的矿业投资。目前，宁德时代的海外锂矿投资已经覆盖了美洲、大洋洲和非洲地区，而其海外镍钴资源则主要分布在东南亚和非洲。此外，宁德时代近年来也在欧洲和美国通过建立工厂和技术输出的方式拓展市场，期望通过技术优势换取市场份额。

此外，中创新航科技集团股份有限公司（简称"中创新航"）通过与海外的整车厂、经销商等渠道合作，以高品质产能及创新技术输出的形式赋能欧洲电动化。2023年11月20日，在中创新航的全球合作伙伴大会上，执行董事戴颖在采访中透露，中创新航已确定在葡萄牙建设零碳电池工厂，预计2025年年底投产，一期年产能达15 GW·h。中创新航计划为该项目投资约20亿欧元，工厂将设5条生产线，预计每年可生产电池4300万块。此外，公司计划于2028年扩建该锂电池工厂，旨在将产能从15 GW·h提高至45 GW·h，实现产能翻3倍的目标。中创新航选择葡萄牙建厂，是因其本身的资源自给能力非常强，绿电比例超过了70%，不管是从价格的稳定性还是总供电绿色程度上，都更能满足大规模制造企业的需求；且葡萄牙在大力发展锂矿，为本土化的供应链建设提供了保障。截至目前，多家中国动力电池制造商，包括宁德时代、中创新航、国轩高科、亿纬锂能、蜂巢能源和欣旺达等，已经公布了他们的海外扩张计划，其中多数企业倾向在欧美地区设立工厂。

光伏：从"三头在外"到全球"三个第一"

光伏产业曾被视为中国能源转型和保障能源安全的关键领域，20多年前被看作一个巨大的未开发市场，孕育了众多财富故事。然而21世纪10年代，欧美国家频繁发起的反补贴和反倾销调查给中国光伏产业带来了沉重打击，导致行业陷入困境。当时，光伏产业严重依赖外部的资源、市场和设备，几乎完全融入了国际循环。

为了应对欧美国家的"双反"措施，中国光伏产业进行了重要的结构调整，并开始积极开拓国内市场，转向以国内市场为主导的发展模式。到2020

年，中国光伏产业在"内循环"战略下取得了显著成就，已经实现了中国光伏制造业三个"世界第一"，即制造规模世界第一、光伏发电装机容量世界第一、光伏发电量世界第一。国内市场完全由国内企业主导，中国企业在国际市场上同样占据领先地位，全球前20名的光伏企业中，有18家来自中国（见表1-6）。毫无疑问，光伏产业是中国企业在全球化竞争中，从上游到下游各个环节都牢牢掌握着主导权的一个产业，也是中国屈指可数的具有全球竞争力的产业。

表 1-6 2023年全球光伏企业20强（综合类）

排名	公司名称	所属国家	营业收入/百万美元
1	隆基绿能科技股份有限公司	中国	18.870
2	通威股份有限公司	中国	16.066
3	天合光能股份有限公司	中国	12.442
4	晶科能源有限公司	中国	12.152
5	晶澳太阳能科技股份有限公司	中国	10.677
6	天津中环半导体股份有限公司	中国	9.122
7	协益（集团）控股有限公司	中国	7.837
8	阿特斯阳光电力集团	中国	7.470
9	阳光电源股份有限公司	中国	5.889
10	特变电工股份有限公司	中国	5.688
11	上海爱旭新能源股份有限公司	中国	5.731
12	新疆大全新能源股份有限公司	中国	4.526
13	Hanwha Q CELLS	韩国	4.431
14	信息产业电子第十一设计研究院科技工程股份有限公司	中国	4.388
15	东方日升新能源股份有限公司	中国	4.299
16	浙江正泰电器股份有限公司	中国	3.752
17	弘元绿色能源股份有限公司	中国	3.206

（续表）

排名	公司名称	所属国家	营业收入/百万美元
18	杭州福斯特应用材料股份有限公司	中国	2.669
19	FIRST SOLAR, INC.	美国	2.619
20	无锡尚德太阳能电力有限公司	中国	2.132

资料来源：365光伏.2023全球光伏20强排行榜[EB/OL].2023-05-22. https://www.sohu.com/a/677950365_752796.

医疗器械：插上新腾飞的翅膀

国家医疗政策改革和国内企业在技术研发及产业应用方面的不断突破，给我国医疗器械产业提供了黄金发展期，尤其是"走出去"战略给医疗器械产业插上了新腾飞的翅膀，海外市场也成为中国医疗器械企业群雄逐鹿的第二战场。2023年，部分医疗器械企业的国内业务虽然增长缓慢，但海外业务却呈现较快增长势头，不少企业海外业务增速在30%以上，带动了企业整体业绩的提升。2022年，医疗器械交易型开放式指数基金（ETF）成分股中一共有68家上市公司披露了海外业务情况，合计实现海外收入916亿元人民币，占这些企业总营业收入的28%。其中，九安医疗、采纳股份、中红医疗三家医械企业海外业务占比超过总营收的九成，另有15家成分股海外业务占比达到总营收的五成以上。

2013年，上海联影医疗科技股份有限公司（简称"联影医疗"）刚成立时，就流露出对全球市场的雄心壮志。从布局美国到进军日本，再到逐步覆盖全球，这个中国医疗器械制造商凭借一系列高端设备，不断打破国际壁垒，让"中国智造"在全球市场上占据一席之地。联影医疗的出海之路可以说是充满挑战，但其独特的市场策略和卓越的技术创新使其雄心壮志成为可能。从一开始，公司就决定不走寻常路，而是选择以"高举高打"的方式直接进入美国和日本这两个全球最高端的医疗器械市场。目前，联影医疗的全球装机数量已突破2万台大关，服务遍布美国、日本和欧洲等50多个国家和地区的超1万家临床及科研机构。在印度市场，其全数字化PET-CT（正电子发射计算机断层显像）的新增占有率在2021年已经达到第一，MR（磁共振）、CT（计算机断层扫描）和PET-CT的新增市场占有率在2022年也已经进入前三。联影医疗的成功出海，不仅是中国医疗器械产业的一大骄傲，也是"中国智造"逐步走向全球高端市场的一个缩影。从在源头深度融合全球科技创新价值链，到服务全球数万家临床及科研机构，联影医疗用实际行动证明了中国医疗器械企业的技术实力和市场潜力。

电商：最强悍的流量玩法，最庞大的供应链支撑

希音（SHEIN，主营女装的快时尚电商）、全球速卖通（AliExpress，阿里巴巴旗下的跨境电商平台）、TikTok Shop（字节跳动旗下国际版短视频平台推出的电商）、Temu（拼多多旗下的跨境电商平台）的操盘者均为"80后"，他们在不同的地域扩张着企业的全球商业版图，并取得了可观的增长，共同挑战全球电商霸主亚马逊的行业地位，也让跨境电商这条赛道异常火热。在国内不论是存量还是增量都已见顶的情况下，中国电商出海十余年，依托中国庞大的供应链，在全球市场再次相遇，一分高下也是大势所趋。

SHEIN总是被对标时尚巨头飒拉（ZARA）。SHEIN创始人许仰天的目

标就是打造一个比ZARA供货更快、品类更多、价格更实惠的新一代时尚巨舰。2014年时，许仰天不惜重金打造供应链，从根源开始挨个环节改造、整合。广州番禺是其大本营，这里云集了众多的中小供应商，使SHEIN多样、时尚又及时的产品上新成为可能。起初没有什么工厂愿意接一次生产100件的小订单，许仰天就主动给工厂补贴资金，保证厂家不亏本。许仰天押注在众多小作坊上，借钱给一些家庭作坊买生产设备，自主研发数字化工具帮助小作坊提高生产效率。SHEIN不拖欠货款，甚至会提前支付，这为它赢得了一大批供货稳定的厂家。数百家工厂围绕在SHEIN周围生长，构建了一个相当规模的产业集群，也为品牌构筑了一道"护城河"。

　　SHEIN是自主品牌模式，因此从原材料整合到生产制造过程中对流程、标准及交付的把控，它与供应商的合作非常深入。它会为供应商提供质量、工艺、管理等方面的培训。依托这些优势，早在2015年，SHEIN就正式进驻海外市场，开拓了美国、欧洲、澳大利亚等多个市场。许仰天对营销成本有着极致的把控力和执念，营销成本控制得比同行便宜70%以上。他在前端不断研究和捕捉海外市场的喜好变化，后端则采取"小单快反"（小批量、快速反应）模式，极大地满足了用户需求。同时SHEIN以流量为抓手，坚持构建和管理流量池。作为一家独立电商平台，SHEIN成功地抓住了网络流量的机遇，充分利用了脸书（Facebook）、照片墙（Instagram）、Pinterest、TikTok等社交平台的增长红利。它也是较早采用社交媒体关键意见领袖（KOL）营销策略的企业之一，借助用户在平台上自发分享穿搭内容，有效提升了品牌的知名度。2023年4月18日，SHEIN以4500亿元人民币的估值入选胡润研究院发布的"2023全球独角兽榜"，排名第四。除了收入和市场估值，SHEIN在其他业务指标上也表现出色。其App的下载量已突破1.5亿次，活跃用户数超过7000万，显示出用户对该平台的高度忠诚和活跃参与。SHEIN既时尚又高性价比的产品在海外深得人心，是最受美国年轻人欢迎的服装品牌之一。

2021年，阿里巴巴任命蒋凡负责海外数字商业板块。阿里巴巴出海多年，但国际业务一直不温不火，于是对曾带队阻击拼多多的蒋凡寄予厚望。蒋凡放出的"大招"是加强基建优势和本土化。在快递基建不充分的电商市场，物流履约体系就是一道深厚的壁垒。"最后一公里"的交付速度是竞争力所在，亚马逊便是最好的例子。为了拿下韩国市场，全球速卖通在威海和烟台新建多个优选仓库，做到3~5天内送货上门，部分地区甚至可当日或次日达。这样，在"双11"活动和"618"活动中，全球速卖通在韩国卖到"爆仓"，来自中国的产品堆满韩国海关的场景还上了热搜。此外，蒋凡力推全托管模式，吸引了更多缺乏经营力却有很强供给力的商家入驻全球速卖通。有了供给和履约体系的支持，全球速卖通顺势向消费者推出Choice业务，主打高性价比。指定国家的消费者在Choice下单，享有免运费、免费退货和配送质量保证等服务。财报显示，2023年第一季度，阿里巴巴国际业务一骑绝尘，营收同比增长达29%，位列六大业务集团之首，其中包含来赞达（Lazada）、全球速卖通、Trendyol（土耳其电商平台）和Daraz（南亚电商平台）等的国际零售收入同比增长41%。

周受资是TikTok的首席执行官（CEO），他舌战美国议员的视频广为流传，在全球怒刷了一把存在感，也让TikTok Shop受到了更多关注。他的电商策略是通过短视频引流加传统电商销售模式，结合平台算法推荐，以短视频和直播的形式，精准、快速地使商品详情触达用户，实现一整条电商链路的闭环，最大地促进消费，在低价"内卷"赛道上异军突起、攻城略地。因为监管原因，TikTok Shop没有在原本用户基础最好的美国市场站稳脚跟，而是将东南亚作为阶段性重点。2021年，TikTok Shop先后在英国和印度尼西亚上线。2022年，TikTok Shop在印度尼西亚市场的基础上新布局了泰国、越南、马来西亚、菲律宾和新加坡五国，完成了市场覆盖。然后它发起一系列大促活动，把国内的造节促销玩法直接搬到了东南亚市场。

2022年9月，拼多多的境外电商平台Temu横空出世，创始人黄峥的策略是复制拼多多的成功经验。拼多多最早在国内消费者心里深植的印象是"低价省钱"，先将低价策略实施到极致，做大规模后再优化品质。Temu遵循了相同的路径。SHEIN和亚马逊的商家发现，一些同品类商品，Temu的商品价格可以比两家便宜一半甚至更多。Temu最大的优势是利用全托管模式将跨境电商的门槛降到最低，平台掌握定价权，同时引入竞价机制，鼓励商家互相竞争，给出最低价格，同款商品的价格比所有主流跨境电商平台更低。按照Temu的全托管模式，商家只需将通过筛选的货品发往Temu的国内仓库，后续的运营、物流、仓配、客服、售后服务环节都可以交给Temu。短短一年多时间，Temu就以山呼海啸之势席卷北美地区，之后一下子扩张至全球47个国家，App下载量跻身全球前十，拥有近2亿用户。2023年9月，美国Temu的商品交易总额已逼近SHEIN。

通过对几位电商掌舵人的成功经验进行分析，不难发现他们激战的过程，也是互相借鉴的过程，本质依然是平台对供应链的争夺。全球速卖通、TikTok Shop、Temu都全面拥抱全托管模式，SHEIN也开放了第三方卖家入驻。事实上，它们的国际竞争还没有进入"白热化"，它们还都在全球市场内快速寻找着增量市场。随着全球化进程的推进，所有玩家的战场会越来越近，而在人才、流量、投放等方面，企业可能会进入可怕的同质化竞争，这也是中国企业全球化过程中的一个痛点。

云计算：AI大模型带来的爆炸性机会

云计算对于普通消费者来说感知度并不高，但它确实是绝大部分企业离不开的行业。2023年AI大模型的爆发，给云计算市场注入了新的增长动力，随着国内"云战"加剧，出海又被云厂商提到了更重要的位置上。艾瑞咨询数据显示，2020—2022年，我国云出海市场规模增速分别为37.5%、39.7%、42.8%。云计算出海有两个典型特点：一是和国内互联网企业的出海动向高度相关；二是较依赖当地资源，往往需要与当地政府、通信运营商合作。2023年以来，以ChatGPT为代表的生成式AI开启了AI新时代。全球科技企业掀起了新一轮竞争，中国的互联网"大厂"几乎全部下场开发AI大模型，导致算力需求激增，云计算部门再次被推上风口浪尖。虽然各国现在的AI大模型开发还是各自为战，但未来的竞争一定会在全球范围内展开，中国云厂商去海外抢市场是必然的。

中国云厂商经历了三波出海潮：

第一波是在2015年。阿里云在新加坡、日本等地建设数据中心，腾讯云、华为云也开始布局。当时它们的任务主要是配合中国互联网企业出海，例如电商、游戏、金融等行业都对云服务有需求。

第二波是在2018年。中国云厂商进入北美、欧洲等成熟市场，在当地组建团队进行本地化部署。虽然亚马逊、微软、谷歌的云服务还占据绝对优势，但中国厂商开始直面竞争。

第三波是在2022年。几大头部云厂商再次启动出海计划，将东南亚作为主攻方向，同时有部分云厂商进入拉美和中东地区。

以华为云为例。在拉美地区，华为云服务着5000多家客户，包括电商、金融科技、物流、教育、制造等行业的企业，以及当地政府和官方机构。华为云本着优势互补、合作共赢的原则，与墨西哥国际发展合作署、巴西杰出软件计划协会等产业组织达成战略合作，共同培育和扶持139家初创企业，并成立全球云原生交流平台"创原会"，以促进当地的技术进步和科创生态的繁荣。在物流领域，华为云成功让阿根廷速递公司Grupo Logistico Andreani提升了15%的网络性能，降低了10%的运维成本；在电子商务领域，头部企业Bis2Bis的开发人员过往20小时才能完成一项活动，自迁移到华为云以后缩短到大约10分钟；在教育领域，华为云解决了教育App Mindfree的高并发系统问题，同时减少了90%的平台事故，有效节约了企业成本。

在中东地区，华为云和沙特阿拉伯的运营商紧密联系，洞悉对方的特点，对网络做具象优化，从而保证客户从任何一个当地的互联网都能经过最短的路由连接到华为云上，使用户获得更佳的体验感，尤其是一些对毫秒延迟敏感的游戏、视频直播等场景。

中国企业全球化的五大阶段

全球化是一个漫长的发展过程，亦是一个不断探索创新的历程。回顾40多年来中国企业"走出去"的发展历程，它们的全球化主要经历了五大阶段（见图1-1）。

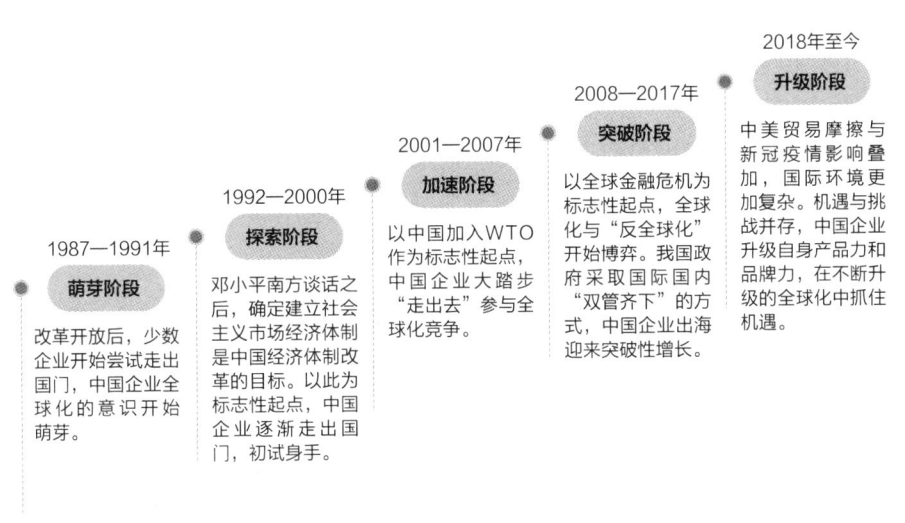

1987—1991年 萌芽阶段
改革开放后，少数企业开始尝试走出国门，中国企业全球化的意识开始萌芽。

1992—2000年 探索阶段
邓小平南方谈话之后，确定建立社会主义市场经济体制是中国经济体制改革的目标。以此为标志性起点，中国企业逐渐走出国门，初试身手。

2001—2007年 加速阶段
以中国加入WTO作为标志性起点，中国企业大踏步"走出去"参与全球化竞争。

2008—2017年 突破阶段
以全球金融危机为标志性起点，全球化与"反全球化"开始博弈。我国政府采取国际国内"双管齐下"的方式，中国企业出海迎来突破性增长。

2018年至今 升级阶段
中美贸易摩擦与新冠疫情影响叠加，国际环境更加复杂。机遇与挑战并存，中国企业升级自身产品力和品牌力，在不断升级的全球化中抓住机遇。

图1-1 中国企业全球化经历的五大阶段

我们目前处于第五阶段，以中美贸易摩擦为标志性起点。2018年7月6日，时任美国总统特朗普宣布对来自中国的340亿美元商品收取25%的额外关税，这一举动标志着新一轮中美贸易摩擦的开始。随着新冠疫情的消退和贸易保护主义的兴起，经济全球化正经历着调整和分化，给中国制造业的发展带来了重大挑战。目前，国际经济和地缘政治环境经历了显著变化，以美国为首的西方国家正全面施压中国，试图通过贸易战、金融战、科技战等多种手段遏制中国的发展势头；中国也随之出现了很多"卡脖子"问题。面对复杂局势，中国政府提出了以国内大循环为主体，国内国际双循环相互促进的策略。同时，通过深化国内的改革开放，中国致力于打造一个更加开放和有吸引力的环境，以进一步开放中国市场，推动中国经济进一步融入全球化进程。这个阶段也经常被称作全球化3.0。

在这个阶段，中国企业必须全面提升自身的能力，从专注于出口产品转变为构建全球产业布局，并打造更加完善的全球供应链体系，例如到印度、越南、墨西哥、马来西亚等国建厂；坚持不懈投入技术研发，布局全球研发体系，助力中国产业链自主可控；通过并购和重组来整合资源，拓展新的产业发展方向，增强企业的竞争力；加强全球本地化运营能力，不断提升企业品牌影响力，在全球各国做合格的企业公民，真正成为站立在全球化舞台上的世界一流企业。

对于某家具体的中国企业来说，要开展全球化业务当然不是一蹴而就的，欧美日韩企业的全球化也经历了一个漫长的过程，因为企业全球化需要在全球范围内整合各种资源，在最适合的地方投资设点，面向全球市场提供产品和服务。《哈佛商业评论》认为，企业全球化要经历五个不同阶段，分别是：出口型、初期扩张型、国际型、跨国型、全球型。我根据亲身参与华为全球化的经历和为中国企业做全球化咨询的经验，也给中国企业全球化的未来发展定义了五大阶段（见图1-2）。

阶段一： 国内市场阶段	阶段二： 产品外贸阶段	阶段三： 海外事业部阶段	阶段四： 国际化阶段	阶段五： 全球化阶段
特点：以国内市场为主，致力于成为行业龙头或处于行业领先地位。	特点：将产品以贸易的形式卖给国外客户。	特点：在海外建立办事处，仍然由总部海外事业部管理，以订单为导向。	特点：在海外各重要国家成立子公司，直接提供产品和服务。	特点：居全球行业领先地位，知名度高，全球配置资源和人力。
痛点： 1.缺乏企业战略； 2.难以复制经验、快速成长； 3.销售靠个人英雄主义； 4.缺乏体系化的公司管理； ……	痛点： 1.客户群体模糊，对最终客户需求不了解； 2.销售模式单一； 3.产品研发能力较低； ……	痛点： 1.没有清晰的全球化战略； 2.销售能力较差，客户缺乏黏性； 3.缺乏国际化人才； ……	痛点： 1.国际化管理水平较低，运营成本较高； 2.人力资源管理能力不足； 3.跨文化管理问题突出； ……	痛点： 1.国际政经环境复杂多变，合规管理问题逐渐显现； 2.企业社会责任问题逐渐显现； 3.公共关系问题处理经验缺乏； ……

图 1-2　中国企业全球化将要经历的五大阶段

阶段一：国内市场阶段

这是大部分中国企业全球化前的阶段。企业在这个阶段的特点是以国内市场为主，在国内生根发芽，借助改革开放的政策优势和我国的人口红利，赚得第一桶金，并不断扩大产能和规模，直到企业管理者意识到"走出去"的重要性，或者企业发展到一定阶段不得不"走出去"。这个阶段的潜在出海企业存在的痛点是缺乏企业战略，销售往往靠个人英雄主义，没有形成体系化的打法和立体式客户关系，也就没有客户黏性。阶段性的成功往往不代表持续性的成功，达到一定规模后，企业就难以复制之前的经验快速成长了，企业层面一般也缺乏体系化的管理。但是每个行业都会大浪淘沙，沉淀出一批破解了这些痛点的企业，它们不断复制自身的优势，成为行业龙头或处于行业领先地位，进而具备了冲刺第二阶段的条件。

阶段二：产品外贸阶段

2001年中国正式加入WTO后，大部分中国企业抓住了这次把产品以贸易的形式卖到国外的机会，从而搭上了一班前所未有的顺风车。《2014年中国工业发展报告》指出，到2013年，中国进出口贸易总额就达到了4.16万亿美元，跃居全球第一。无论是在长三角、珠三角，还是其他地区，各行各业都涌现出大量的制造型和贸易型企业，外贸也是多年来拉动中国经济增长的"三驾马车"之一。这个阶段的痛点是厂家由于接触不到国外最终客户，所以对客户需求不了解，客户群体模糊，销售模式比较单一，主要靠外贸公司或海外分销商。产品利润低，导致企业的产品研发能力比较低，很多劳动密集型制造企业高度"内卷"，处于产业链低端而无法突破。在外贸界，一直有"8亿件衬衫才能换1架波音飞机"的尴尬局面。

阶段三：海外事业部阶段

企业成功把产品远销海外后，会逐渐发现海外订单利润丰厚，质量要求高，海外大客户普遍希望厂家提供适合当地的定制化产品。为了更好地服务海外客户，扩大营收，企业就必须整合从原料采购到研发，从生产到外贸，还有海外的物流和售后服务等方面的内部资源，这样就必须成立一个单独的海外事业部来统筹海外业务，并且需要独立招聘国际化人才，还要有一定的财务预算用于海外业务。这个阶段的特点是企业在内部建立了海外事业部，形成了中国区管理国内市场、海外事业部管理海外市场的局面，也开始尝试在海外建立办事处，直接接触最终客户、海外销售渠道或代理商，业务完全以订单为导向，仍然由海外事业部直接统一管理。

这个阶段的痛点是：企业仍然缺乏清晰的全球化战略，销售能力较差，海外客户缺乏黏性，也普遍严重缺乏国际化人才，以及管理国际化人才的能力和机制。对于全球化发展较快的企业来说，海外事业部阶段会是一个短暂的过渡阶段，因为随着海外业务的快速增长，企业很快就会发现仅靠一个海外事业部是很难统筹管理好整个海外业务的；同时，中国区的业务占比不断下降，这样就必须把中国区也纳入全球化的管理框架体系中。

海外事业部阶段非常重要，可谓承上启下，是企业全球化发展的必经阶段。在这个阶段，企业的综合管理能力也将大大提升，在逐渐具备以下几个基础条件后，进入国际化阶段：

1. 在国内进入行业第一梯队。
2. 产品质量得到客户普遍认可。
3. 拥有自主知识产权和研发团队。
4. 拥有一定的出海资金储备。
5. 引进了成熟的企业管理制度。
6. 拥有具备跨国管理能力的国际化人才。

阶段四：国际化阶段

不得不说，能够进入国际化阶段的中国企业已经非常成功，且多是家喻户晓的品牌，综合实力不容小觑。这个阶段的企业特点是：已经在海外重要国家成立实体子公司，例如在美国，欧洲的德国、法国、英国或波兰，拉美的巴西或墨西哥，中东的阿联酋，亚洲的日本、韩国、印度、印度尼西亚或新加坡等；已经招聘了一些当地员工，开始直接向海外客户提供产品和服务；已经在全球范围内初具规模，有一定的行业知名度，甚至已经在欧美发达国家成立了研发中心，招聘了一些当地的技术专家和营销专家；定期参加行业重大展会，已经与行业的全球大客户形成了规模化合作。一个显著的衡量指标就是海外营收占比达到30%这个及格线。

这个阶段的痛点是企业缺乏国际化管理经验，海外的运营成本较高，导致利润下滑严重；缺乏国际化人才，也缺乏管理国际化人才的能力和机制，导致跨文化管理问题层出不穷，经常出现合规风险，也可能面临当地员工劳务诉讼、产品侵权、工会谈判、贸易壁垒和"双反"等挑战。很多企业好不容易进入国际化阶段，但随着国际化业务的扩展，海外管理的风险急剧增加，成本也急剧上升。如果遇到重大合规风险或失败的海外兼并，企业很可能一蹶不振甚至破产。这种在国际舞台上昙花一现的企业比比皆是，中国企业也很难避免。

阶段五：全球化阶段

这个阶段企业的特点是：已经在海外超过100个国家和地区实现产品销售，在海外主要国家和市场成立了实体子公司，海外营收连续多年超过50%，全球当地员工规模超过1000人；已经为行业大部分全球大客户提供产品和服务，并且参与行业国际标准的制定；有自己的海外售后服务团队和供应链团队，处于全球行业领先地位，知名度高；已经名副其实地在全球范围内配置资源和人力，也注重全球本地化运营，在各方面保持合规，在企业社会责任领域有自己的担当。

这个阶段企业的痛点是国际政经环境复杂多变，合规管理问题显露。欧美发达国家普遍注重环保和劳工等领域的合规，企业在社会责任方面面临的挑战越来越大，还有可能遇到一些公关方面的危机，而中国出海企业多数缺乏危机公关和政府关系方面的经验。例如2018年6月7日，美国商务部公布了对中国某通信公司的处罚通告：新缴纳10亿美元罚金，累计罚款总额22.9亿美元，必须在30天内更换全部董事会和管理层人员，聘请美国商务部挑选的合规团队对企业进行监督，为期10年。这类问题一旦发生，往往会给企业带来致命的打击。

纵观中国企业全球化的五大阶段，第二阶段到第三阶段是第一次跨越。这次跨越遇到的最大挑战是海外组织的搭建、海外当地人员的招聘和海外客户的拓展。绝大部分的中国企业处在第二阶段，也就是产品外贸阶段。企业没有完成这个跨越的原因有很多，一部分原因是企业自身管理落后，根本原因往往是企业创始人自身或管理团队都是草根出身，当初发家靠的是天道酬勤和行业机遇，团队普遍缺乏职业人才，也缺乏体系化、制度化、流程化的企业管理经验，赚了第一桶金后小富即安，缺乏凤凰涅槃的勇气。

相比欧美全球化企业每年都会有一定的预算用于专业咨询，中国企业普遍缺乏为软性能力付费的习惯，也不愿意为国际化人才支付高薪。由此带来的后果是，这些企业往往会在海外诉讼或当地政府罚款上付出百倍千倍的代价，这是非常遗憾的。西方发达国家的咨询业非常发达，市场规模占国家GDP的2%~3%。著名的MBB[麦肯锡（McKinsey）、贝恩咨询（Bain）、波士顿咨询（BCG）]和四大会计师事务所，就是欧美企业走向全球化的产物，它们与企业形成了非常好的相辅相成的生态关系。而中国的咨询业市场规模占比还不到GDP的0.2%。所以说，提供出海服务的供应商还远没有形成成熟的生态圈。

第三阶段到第四阶段是第二次跨越，能完成这个跨越的中国企业非常少。2023年《财富》杂志世界500强排行榜榜单中有142家中国企业，其中46家是央企，据笔者统计，央企平均海外营收占比是10%，远远不到国际化企业要求的平均海外营收占比30%这条及格线。这次跨越遇到的最大挑战是海外品牌管理、跨文化管理和企业国际管理等。

第四阶段到第五阶段是第三次跨越，能完成这个跨越的中国企业寥寥无几。中国有超过35万家制造型企业，如果严格按照全球化企业的标准，符合标准的可能只有华为、联想、小米等屈指可数的几家。正如2017年11月25日阿里巴巴创始人马云在第十七届中国年度管理大会的演讲中说道："目前中国全球化企业可能不超过5家，甚至连3家都不到。"这次跨越遇到的最大挑战是海外企业社会责任、海外合规管理和当地政经环境变化等。到了这个阶段，中国企业不能再靠卖便宜商品的逻辑生存，而是要靠创新，要有创新的理念、创新的模式和创新的管理。

关于企业国际化和全球化阶段的区别，华为创始人任正非在2015年1月22日瑞士达沃斯的世界经济论坛2015年年会上是这么说的："有区别，而且很大！我们支持全球化，因为世界经济走向全球化以后才能有效地提高资源利用率。"华为的设备销售给全球170多个国家，但任正非并不喜欢"国际化"的说法，他更愿意别人将华为当作一家全球化的企业。至少从2010年起，华为内部已经不再使用"国际化"这个词了。任正非认为，国际化是以中国为中心，指的是中国人往外走；而全球化是以世界为中心，利用全球的优势资源为全球市场服务。

02

中国企业可借鉴的
十大模式

走在全球化道路发展前列的欧、美、日、韩等国家，它们的国际化发展历程和经验都各有其特色，而中国企业除了要汲取其之所长，更要向那些已经开启了全球化进程的中国企业学习。改革开放40多年来，早就有一小批中国企业敢为人先，加入了出海的浪潮，也涌现出了一些优秀的全球化企业，可谓大浪淘沙沙去尽，沙尽之时见真金。

2023年，第一财经研究院发布了《2022中国企业全球化报告》。报告严格按照中国企业全球化评估体系，评选出了2022年全球化十佳企业（见表2-1）。从主观评价与客观数据评估两个角度，全面衡量中国企业全球化水平。客观数据评估模型基于1307家全球化领先的中国上市公司样本企业的公开数据建立，涉及企业全球化经营、全球化发展与企业社会责任三个维度，以此综合衡量企业的全球化表现。模型子指标共计18项，涵盖了企业经营、技术储备、研发投入、海外布局、品牌认知与ESG等领域。

表2-1 第一财经研究院评选出的2022年全球化十佳企业

排名	企业
1	华为技术有限公司
2	比亚迪股份有限公司
3	北京字节跳动网络技术有限公司（抖音视界有限公司）
4	阿里巴巴集团控股有限公司
5	海尔智家股份有限公司
6	隆基绿能科技股份有限公司
7	深圳市大疆创新科技有限公司

（续表）

排名	企业
8	潍柴动力股份有限公司
9	京东方科技集团股份有限公司
10	杭州海康威视数字技术股份有限公司

资料来源：第一财经研究院.2022中国企业全球化报告[EB/OL].（2023-07-31）. https://img.cbnri.org/files/2023/08/638264863655050000.pdf.

这些企业都是在全球化进程中表现突出的先锋企业，我结合众多中国企业全球化的实际案例，总结了中国企业全球化过程中可复制、可借鉴的十大模式。与每个模式相关的企业案例很多，我选取了行业中的典型案例进一步分析。

模式一：产品外贸

产品外贸也就是产品的海外出口贸易，指的是企业将其在国内生产的产品或服务销售到国外。产品外贸模式是中国企业全球化初级阶段的主要模式，也是企业成功出海的必经之路。应该说，绝大部分中国企业的产品外贸是做得非常好的，既提供了大量就业机会，促进了经济发展，也完成了在产品质量、研发能力、出海资金、国际化人才和企业管理经验等各方面的原始积累，为外贸企业本身进一步全球化发展奠定了基础。只有企业的产品或服务得到了海外客户的认可，达到较高的客户满意度，企业才能把业务持续做下去，才能积累原始资金，也才能不断升级迭代自己的产品，促成更多的销售并招聘更优秀的国际化人才和团队，从而形成可持续的发展。

案例：安克创新

安克创新科技股份有限公司（简称"安克创新"）创立于2011年，创始人为阳萌，总部在长沙。安克（Anker）是旗下品牌，主要包含三大产品线，分别为充电类产品、智能创新产品及无线音频类产品。安克主要采用产品外贸模式，通过亚马逊、沃尔玛、eBay、Lazada和百思买等多个海外电商平台进入欧美市场，多年稳居谷歌与凯度联合发布的"中国全球化品牌50强"榜单前10。安克是苹果线上线下官方直营店在售产品中唯一一个中国大陆品牌。在TikTok平台上，安克也是佼佼者，其采用矩阵打法搭建多个账号，累计粉丝达百万。TikTok Shop美国区域店铺销量排行榜上，安克经常冲进榜单前10，且周成交金额在100万美元以上。2020年年末，安克开始布局中国市场，是跨境电商中当之无愧的领军企业。除了打造智能充电品牌安克，它还相继推出声阔（Soundcore）、悠飞（eufy）、Nebula等自主品牌，进一步拓宽业务领域，在人工智能物联网（AIoT）、智能家居、智能声学、智能安防等领域均有出色表现，拥有全球140多个国家和地区的超1亿用户。

2024年4月24日，安克创新发布2023年年度报告：2023年实现营业收入175.07亿元，同比增长22.85%；实现归属于上司公司股东的净利润16.15亿元，同比增长41.22%。年报显示，安克创新的海外销售占比高达96.36%，而其通过亚马逊渠道获得的销售收入已近100亿元，占总营业收入的57.10%。在亚马逊平台上，安克创新平均每款产品有几万单销量，其综合商品评分不低于4.3分。

模式二：海外工程

海外工程是指中资企业在国外承包基建工程项目，具体包括国外工程建设项目、中国对外经济援助项目、中国驻外机构的工程建设项目、中国境内利用外资进行建设的工程项目，以及对外承包兼营的房屋开发业务等。目前，我国海外工程项目发展迅猛，已经有越来越多的企业加入了海外工程项目的竞争。海外工程市场呈现业务领域多元、项目规模扩大、项目融资能力要求高等新的特点。业主不仅要求承包商具备完整且良好的设计、采购、施工、管理及协助融资能力，还要具备雄厚的投资实力和良好的运维能力，这就要求企业一定要整合利用海外当地资源，减少甚至避免政治和法律风险。

案例：中交集团

中国交通建设集团有限公司（简称"中交集团"）作为全球领先的特大型基础设施综合服务商，是世界最大的港口设计建设公司、世界最大的公路与桥梁设计建设公司、世界最大的疏浚公司、世界最大的集装箱起重机制造公司、世界最大的海上石油钻井平台设计公司，同时也是亚洲最大的国际工程承包公司和中国最大的高速公路投资商。2023年，中交集团在《财富》杂志世界500强的排名由2016年的第110位跃升至第63位，连续17年蝉联美国《工程新闻纪录》（ENR）"全球最大250家国际承包商"亚洲企业第一名。中交集团在全球126个国家和地区设立了289个境外机构，在157个国家和地区开展实质性业务。2023年实现营业收入7586.76亿元，同比增长5.10%。

2023年3月，旗下中国路桥工程有限责任公司中标中亚区域连接项目，项目内容包括200米和81米的两座桥梁，900米桥梁连接线，以及550米明洞。项目位于塔吉克斯坦东部戈尔诺-巴达赫尚自治州首府霍罗格市，项目的实施将极大改善该市的城市路网，方便出行，促进塔吉克斯坦东部偏远地区经济发展。

2023年5月，旗下中国港湾工程有限责任公司及中交第二航务工程局有限公司联合实施的巴基斯坦卡拉奇4号供水管线项目施工。该项目总长111.7公里，是巴基斯坦目前规模最大的城市基础设施工程，也是"一带一路"重点工程。项目完工后，卡拉奇2000多万人口的用水问题将迎刃而解。

2023年8月12日，由中国路桥工程有限责任公司承建的科特迪瓦经济首都阿比让的科科迪斜拉桥项目竣工。该项目建成了西非地区最大的斜拉桥，总长约1.63公里，主桥为钢槽梁单塔斜拉形式。该项目有效缓解了阿比让市区的交通拥堵，也为当地创造了约3000个就业岗位。

模式三：渠道销售

渠道销售是指通过第三方（如分销商、代理商、零售商或合作伙伴）来推广和销售企业的产品或服务。这种策略允许企业利用现有的销售渠道和网络，快速进入海外市场，无须直接建立和管理自己的销售团队或零售点。这种模式是中国企业全球化过程中普遍采用的模式，因为直接在海外建立自己的销售团队、子公司或售后服务团队等，都涉及很多的本地化运营，而这又是中国企业非常缺乏的能力。通过渠道销售进行海外拓展，可以直接把当地团队运营、合规管理、汇率和政策变化等大部分潜在风险都转嫁给当地的渠道商，还能利用当地渠道合作伙伴的专业知识和资源，快速适应并深入新市场。

案例：联想

联想集团有限公司（简称"联想"）创立于1984年，创始人柳传志，总部在北京。联想的渠道分销模式开始于1994年，其废除"直销"，建立"渠道代理"，并借此打造了中国市场第一的电脑品牌。2004年12月，联想集团宣布了对国际商业机器公司（IBM）个人电脑业务的收购计划。通过此次收购，联想获得了IBM的ThinkPad品牌，也获得了IBM的全球销售渠道网络和客户基础，为其全球化扩张奠定了基础。此次收购中，联想提出了"集成分销"新策略，即将渠道伙伴看作一个整体，面向客户做一体化的设计，明晰角色定位和分工，并呈现出"一体化设置、客户指导、专业分工和协同作业"的特点。联想通过连锁零售商、分销商、加盟商三种方式服务中小客户，通过"客户经理+服务商"和客户代理商两种方式服务大型客户。可以说，正是由于一直以来坚持对销售渠道进行变革与改进，联想才能一举成为全球第三大个人电脑制造商，并获得了与惠普、戴尔等老牌电脑公司正面竞争的机会，国际市场占有率也从收购前的2%一跃达到7%，这进一步加速了联想的全球化扩张。

联想的渠道销售策略主要体现在三个方面：

1. 分销网络扩展：联想利用IBM原有的全球分销网络，迅速扩大了产品覆盖范围，与多个国家的电子产品分销商建立了合作关系，迅速进入新市场。

2. 零售渠道优化：联想不断优化其零售渠道策略，通过与全球知名的电子产品零售商如百思买和沃尔玛合作，将产品直接销售给消费者。

3. 线上销售平台：随着电子商务的兴起，联想通过自己的网站及其他电商平台如亚马逊销售产品，提高了销售的便利性和可达性。

模式四：直接建厂

直接建厂是指制造商在国外注册公司，直接投资建厂，并在当地组织产品生产，就地销售或在周边国家市场销售的一种生产经营方式。直接建厂有以下优势。第一，很多欧美国家经济发达，交通也很便利，将工厂建在海外可以贴近销售市场，更容易了解人们对产品的需求，也因此会带来更多的利益。第二，在海外建厂可以避免高关税。如果产品在中国生产，运送到国外会被征收关税，在当地建厂生产和销售可以减少关税的缴纳。第三，主要原材料在国外的情况下，如果把原材料进口到本国，再把制成品出口，来回运费成本高。在当地建厂可以降低成本。第四，在发达国家建厂不仅能学习到他国的技术，还能促进各个领域的文化交流。不过直接建厂也存在一定风险。海外工厂耗资巨大，一旦建成，地皮、厂房和设备等固定资产往往很难被重复利用，所以，采用海外建厂模式之前需要仔细分析，慎重决策。我参与了模塑科技在美国和墨西哥设厂的过程，一个成功，一个失败，其经验和教训值得借鉴。

案例：模塑科技

模塑科技创立于1988年，创始人曹明芳，总部在江苏省江阴市。主营保险杠等汽车零部件业务，系全球领先的汽车外饰件系统服务供应商之一。于1997年挂牌上市，在无锡、武汉、上海、沈阳、烟台、北京等地设立了子公司或生产基地。模塑科技积累了优质、丰富的客户资源，是宝马、北京奔驰、上汽通用、上汽大众、沃尔沃、蔚来、理想、小鹏等众多知名汽车品牌的定点厂商。沈阳名华模塑科技有限公司是其独资子公司，于2006年建成投产，这也开启了模塑科技与宝马公司近20年的配套合作关系。

2016年开始，为配合宝马全球化发展，模塑科技在美国南卡罗来纳州设立美国名华公司，在墨西哥的圣路易斯波托西州设立墨西哥名华公司，并进行了厂房投资建设和当地员工招聘，海外拓展加速推进，总投资共计5亿美元左右。然而，美国的工厂经营状况并不乐观。一方面，由于美国人工成本高昂且工人普遍不愿意加班，管理上的挑战比在新兴市场的工厂更大；另一方面，新冠疫情暴发后，一些工人获得政府补贴后就选择不上班了，导致工厂人手短缺。鉴于工厂几乎每天都在亏损，公司管理层经过深思熟虑和一系列评估，最终做出关闭工厂的艰难决定，以1美元的交易价格转让总投资1.8亿美元的美国工厂。2021年9月30日，公司收到Plasman US Holdco LLC支付的1美元交易对价，并办理完所有交割手续，美国名华公司自2021年10月起不再纳入公司合并报表范围。

与美国工厂的情况形成鲜明对比的是墨西哥工厂，该工厂不仅与宝马建立了紧密的合作关系，还吸引了特斯拉的合作。自2020年起，墨西哥工厂就开始向特斯拉供应产品，并实现了3.27亿元人民币的销售收入。2021年，公司更换墨西哥管理团队，精简国内派遣人员，采用本土化生产系统（中国员工人数比例低于5%），着力降低人工及采购成本，解决跨文化问题。2022年，墨西哥工厂实现营收14亿元，占海外营收比重的80.6%，净利润0.8亿元，扭亏为盈。

2023年模塑科技营收达87.2亿元，同比增长13.8%。模塑近年来正在以海外建厂的方式不断扩大海外市场，2016—2022年，公司海外营业额由0.41

亿元增长至20.95亿元，海外业务营收占公司总营收的比重由2016年的1.29%增长至2022年的22.71%。

2024年2月12日，模塑科技董事长曹克波在接受我的访谈时说："模塑科技的海外建厂是全球化的必然，我们必须接受这个挑战，跟随全球大客户宝马和特斯拉的全球供应链策略到海外建厂。尽管美国工厂失败了，也在财表上造成了很大损失，但是必须看到公司整体的全球化战略是成功的，墨西哥工厂运营情况良好，得到了宝马和特斯拉这样的全球大客户的充分认可，也给模塑科技培养了很多国际化人才，积累了海外工厂运营的成功经验，提升了公司管理层的全球化视野和管理能力，是非常成功的一次投资。"

当前中资企业到墨西哥建厂非常火，模塑科技的成功可以给其他中资企业提供哪些借鉴呢？模塑科技副总经理朱晓华这样说："从2016年至今，模塑科技在墨西哥的经历可谓跌宕起伏，到墨西哥建厂的挑战远远超出想象，到目前为止，很多中国企业跟风似的跟了过来，但是远还没有说得上是活下来了。像我们这样千人规模以上、实现盈利的成功案例非常少。我有以下三个建议：第一是选好客户，先把账算清楚。一定不要脑子发热，受一两个客户鼓动就盲目做决策，一定要先充分地把财务账算清楚，尤其是一次性的投入、后续的运营成本和未来几年的回报等。成本的构成一定不能简单复制中国的报价，墨西哥当地的辅料价格高出中国很多。第二是一旦做了决策，就一定要all in（全部投入），确保投入企业最佳的资源，企业高层亲自挂帅到现场关注落地情况。第三是跨文化团队管理非常关键，人力资源、财务、采购等关键岗位可以由中方外派人员，而且一定要外派那些有跨文化沟通和管理能力的干部。至于工厂的运营管理，一定要依靠当地员工，能否提升效率是成功的一大关键因素。效率关乎成本，它是工厂的核心竞争力。"

模式五：海外并购

海外并购是海外兼并和海外收购的总称，指一国企业为了达到某种目的，通过支付手段将另一国企业的所有资产或足以行使运营活动职能的股份收买下来，从而对另一国企业的经营管理实施完全控制。

从全球统计范围来看，企业并购失败的概率超过50%；在中国，企业并购失败的概率超过60%，海外并购的失败概率超过80%。中国企业海外并购经历了2016年的顶峰后，受国际经济周期和国内政策变化的双重影响，不论并购数量还是海外投资并购交易整体规模，都呈现下滑趋势。

案例：吉利

浙江吉利控股集团有限公司（简称"吉利"）创立于1986年，创始人李书福，总部在杭州，是中国第一家民营汽车企业。2004年，吉利提出"走出去"战略。2006年吉利与英国锰铜控股公司签订合资协议，生产世界名牌出租车，为吉利进军欧美市场创造了条件。2009年收购澳大利亚DSI自动变速器公司。

2010年，吉利以18亿美元成功收购沃尔沃汽车公司100%的股权及相关资产，其中包括9个系列产品、3个最新平台、2400多个全球经销商，以及人才、品牌和重要的供应商体系。这次收购当时备受争议，但是没想到李书福一战成名。李书福抛出了"吉利是吉利，沃尔沃是沃尔沃"的路线，使深陷泥潭的沃尔沃扭亏为盈，同时也给吉利带来了技术和品牌效应。

2021年，沃尔沃顺利在纳斯达克斯德哥尔摩交易所敲锣上市，每股53瑞典克朗的发行价格让沃尔沃筹集到了大约180亿美元的资金，是当年18亿美元投入的近10倍。但更重要的是沃尔沃给吉利带来的技术资产和高端品牌助力。吉利通过并购，得到了沃尔沃商标的全球所有权和使用权，包括轿车、运动型多用途汽车（SUV）、多用途汽车（MPV）、10座以下面包车、1.5吨以下轻型卡车和5.4吨以下的其他所有车辆的商标的所有权和使用权。它们是沃尔沃最重要的资产，也是吉利收购沃尔沃的主要目的。"沃尔沃商标的全球所有权和使用权"能够有效弥补吉利在品牌上的短板，吉利还能够借此获得关键技术，从而提升企业研发能力，提高整车和关键零部件制造水平。同时，吉利获得了沃尔沃的全球经销商网络，赢得了一流的管理团队和技术人才，提升了中国汽车的国际竞争力。

2023年，沃尔沃全球销量为70.8万辆，带动企业营收同比增长21%，达3993亿瑞典克朗（折合人民币约2759亿元）。

越来越多的中国企业已经发展到了一个新阶段，即需要通过海外并购来实现企业的进一步增长。它们需要通过海外并购企业来获得先进的技术、高端的品牌和现有的海外渠道等资源，从而提升自身的全球化竞争力，进入更广阔的全球市场。海外并购本身应该是一种双赢，但数据表明，只有不到20%的中国企业海外并购是成功的，拥有海外并购的财力并不代表拥有管理海外并购企业的能力。吉利收购沃尔沃是屈指可数的海外并购成功案例，吉利做对了什么呢？

1. 并购后，吉利与沃尔沃保持独立运营，吉利董事长李书福说："沃尔沃是沃尔沃，吉利是吉利，两者是兄弟关系，而非父子关系。"

2. 保留瑞典团队原有的核心经营理念，相互独立又相互包容和尊重。

哥德堡团队的精英及工厂、研发中心、工会协议和经销商网络都被保留，表现出了吉利领导人对沃尔沃国际品牌形象的尊重。

3. 吉利鼓励员工接受并尊重不同的风俗习惯和价值观，对两国员工进行跨文化培训，尤其是语言培训，以减少沟通协作方面的摩擦。

模式六：海外上市

海外上市是指国内股份公司向海外投资人发行股票，股票在海外公开的证券交易场所流通。对于企业的所有者和经营者来说，海外上市可以有效解决融资问题，并且可以带来在境内上市所不具备的好处。对于企业最初股权转让时购买企业股权的持股人来说，一般企业海外上市的价格会高于他们之前的购买价格，因此他们能通过海外上市、出售股票获利。

从20世纪90年代开始，中国企业逐步走上海外上市之路。刚开始主要是国有企业去海外上市，后来阿里巴巴、腾讯、百度等互联网企业及一批民营企业也纷纷效仿。

案例：携程集团

携程集团（以下简称"携程"）创立于1999年，创始人梁建章，总部在上海。携程是中国最大的在线旅行社，也是全球最大的在线旅行社之一。2002年，携程想要涉足机票业务。对于以前主做酒店业务的携程而言，机票、火车票等交通业务无异于二次创业，需要足够的资金，上市融资是必然的选择。但对于当时的携程而言，A股和H股都不太合适，门槛也较高。

赴境外资本市场上市，是当年众多企业的选择。自1999年起，美国市场见证了多家与携程业务模式相似的旅行服务公司成功上市并取得良好业绩，例如Expedia和Travelocity等。在"非典"疫情结束后，经济的快速复苏带动了携程的迅猛发展，使其迅速成为资本市场的新宠。在联合创始人沈南鹏的积极推动下，携程仅用数月时间便完成了上市前的各项准备工作。2003年12月，携程在美国纳斯达克成功挂牌上市，吸引了超过15倍的认购率，上市首日股价飙升80%，成为3年来全球上市首日涨幅最高的股票。携程是自互联网泡沫破裂后，首家在美国上市的中国企业。

2018—2020年中美关系紧张，加上新冠疫情冲击，给在美国上市的中国企业带来了很多不确定性。2021年，携程在香港交易所进行了二次上市。上市首日，携程每股报收280.2港元，涨幅4.55%，总市值超过1700亿港元。这次上市被视为携程为了多元化资金来源、缓解美中贸易摩擦中的地缘政治风险而采取的战略举措。携程经历了两次重要的上市，一次是在2003年"非典"疫情刚刚结束时，另一次则是在2021年新冠疫情尚未完全结束时。这两次上市展现了携程强大的韧性和生命力，它不仅成功抵御了两次全球性的健康危机，而且在每次危机后都实现了资本市场的成功登陆。

模式七：资源获取

资源获取指的是企业通过并购、合资等方式获取海外战略资源，并获得其定价权。进入21世纪以来，中国资源消耗日益增加，国际上的资源争夺战也愈演愈烈。中国是全球最大的矿产品消费市场，未来相当长时期内对矿产资源的需求仍将保持在高位。例如，2023年中国全年进口铁矿石约12亿吨，为世界第一，其中从澳大利亚进口的铁矿石约7亿吨，占比接近60%。我国超过60%的石油需要进口。除此之外，我国不只是粮食生产大国，还是全球第一大粮食进口国，2023年大豆对外依存度为83%。

要想保持我国经济高速发展，到海外寻找战略资源就显得尤为关键——"立足国内，积极开拓海外"。2008年金融危机的爆发，进一步加快了中国企业对海外资源获取的步伐。

案例：五矿集团

中国五矿集团有限公司（简称"五矿集团"）成立于1950年，进入21世纪以来，五矿集团积极推进战略转型，已经从单一的进出口贸易公司转变为以资源为依托，上下游一体化综合性跨国经营企业。

2006年，五矿集团与智利国家铜业公司组建合资公司，取得智利约84万吨电解铜的供应权，分15年执行，为公司带来了稳定的资源供应和盈利贡献。

2009年6月，五矿集团斥资13.86亿美元购入了全球第二大锌矿生产商、澳大利亚第三大矿业公司OZ Minerals旗下的多个锌和铜矿资产，并在澳大利亚成立了MMG公司。随后，五矿集团将MMG在香港上市，使其成为获取海外矿产资源的主要平台。

到了2014年，五矿集团又以70.05亿美元的高价成功收购了当时全球最大的在建铜矿项目——秘鲁的Las Bambas项目。这一举措不仅刷新了中国金属矿产企业境外并购的金额纪录，也使五矿集团跃升为亚洲最大、全球前10的铜生产商之一。

2023年，五矿集团营收首次突破9000亿元，在《财富》世界500强中排名第65位。拥有成建制的研究设计机构14家、国家重点实验室等各类国家级科技研发平台45个、科技活动人员3万人，累计有效专利达到5.2万件。五矿集团业务遍布全球，重点覆盖亚洲、大洋洲、南美洲、北美洲、非洲等，矿产资源开发品种涵盖铜、铝、铅、锌、钨等。

模式八：海外投资

海外投资，也称为对外投资或境外投资，指投资主体通过投入货币、有价证券、实物、知识产权或技术、股权、债权等资产和权益，抑或提供担保，获得境外企业所有权、经营管理权及其他相关权益的活动。改革开放初期，我国国际收支平衡压力大，外汇短缺，海外投资以国有企业为主，主要形式是在境外设立贸易公司或窗口公司，投资规模较小。2001年加入WTO以后，中国海外投资从无到有，不断发展壮大。投资交易币种上，绝大多数采用美元；投资国家上，中国资本涉足了海外50多个国家，其中投资美国企业最多。

案例：复星国际

复星国际有限公司（简称"复星国际"）创立于1992年，创始人郭广昌，总部在上海。经过30多年发展，已成为一家创新驱动的全球家庭消费产业集团。2007年，复星国际在香港联交所主板上市。2023年，企业总资产达人民币8084亿元，实现总收入1982亿元，同比增长近9%，海外收入892亿元，占总收入的45%，海外收入10年复合增长率达55%。

复星国际持续深耕健康、快乐、富足、智造四大业务板块，作为一家"深度产业运营+产业投资"双轮驱动的全球化企业，复星国际植根于中国，成长于全球，经过10多年的全球产业深耕，复星国际的全球化战略已进入深度运营阶段，"全球组织+当地经营"模式日益成熟，业务覆盖超过35

个国家和地区。

2010年6月，复星国际首次取得全球领先的休闲度假集团地中海俱乐部的少数股权。2015年3月，复星国际以每股24.6欧元的报价、超过9亿欧元的收购金额，完成了对地中海俱乐部的全资收购。目前地中海俱乐部在全球运营的度假村共有70家，其中10家位于中国。

除了地中海俱乐部，复星国际的全球业务版图还包括葡萄牙领先的保险公司Fidelidade、拥有超过130年历史的法国高级时装品牌浪凡（LANVIN）、以色列护肤品牌AHAVA、德国时尚品牌TOM TAILOR等。除了业务的全球发展，复星国际还将东方生活美学带到了海外。2023年中国最负盛名的新春民俗文化活动之一——豫园灯会——第一次走出国门，首站是法国巴黎，成功吸引了近20万当地游客。灯会的输出，让中法文旅、时尚、消费等产业融合发展。

2024年4月，复星国际管理层高管告诉我，复星国际会进一步发挥全球化运营能力，不仅要将国际品牌引入中国市场，助推中国企业走向世界舞台，还将赋能旗下海外企业加速全球运营，实现用全球资源服务全球客户。

模式九：互联网出海

2000年后，硅谷的风险投资者纷纷来到中国，他们在中关村一家家地寻找着将来可能成为"中国谷歌"或"中国亚马逊"的潜力企业。在中国的互联网出海创业圈，软银创始人孙正义提出的"时光机理论"广为流传，也就是先"复制到中国"（Copy to China），再"从中国复制"（Copy from China），充分利用中国与美国和东南亚等国的互联网行业发展不同步的现状——各国处于不同的发展阶段，人们穿梭其间就像坐上了时光机。美国的互联网行业比较发达，等美国业务发展成熟后，就可以把具体的商业模式复制到中国。而等中国创业者在中国获得商业成功后，再把在中国已经被验证过的互联网模式复制到东南亚、中东和非洲国家。这招屡屡奏效，创造了很多互联网界的投资神话。

2016年，阿里巴巴收购了东南亚电商平台Lazada，在东南亚成功复制中国电商模式。2018年，美团投资印度外卖平台Swiggy及印度尼西亚出行平台Gojek等，进一步将中国经验复制到了东南亚的蓝海市场。而其中最引人注目的还数TikTok。

案例：TikTok风靡全球

北京字节跳动网络技术有限公司（简称"字节跳动"）创立于2012年，创始人张一鸣，总部在北京。2016年，字节跳动推出短视频平台，最初以"抖音"为名在中国市场推广，随后于2017年下半年出海，面向国际市场被定名为TikTok，推出后短时间内风靡全球，曾多次登上欧美日韩等国的手机App下载量排行榜榜首。2021年，TikTok月活跃用户数量突破10亿大关，平台总下载量已超过30亿次，覆盖全球150多个国家和地区。2022年，TikTok以全年6.72亿次的下载量位居全球第一，是2022年度最受全球欢迎的App。截至2024年3月，TikTok美国用户达到1.7亿人。

2020年3月12日，字节跳动创始人、CEO张一鸣宣布，他本人会将更多精力投入全球战略发展，这一宣言标志着字节跳动全球化战略将进一步深化。张一鸣强调了全球化管理的重要性，并表达了对教育等新业务方向的探索意向。他同时披露，字节跳动已成长为一家全球化企业，拥有超过6万名员工，并在30个国家设有办公室。字节跳动的全球化不仅是产品的全球化，更是管理和文化的全球化。在全球范围内，企业面临着不同国家和地区的法律、文化、市场环境等多方面的挑战。教育是企业未来发展的新方向，这表明字节跳动正在寻求更多领域的突破。

模式十：工业园出海

工业园出海是中国企业全球化的一种新模式，该模式主要由政府引导或某个企业主导，在海外建设园区，从而带动更多中国企业"走出去"集群发展，同时吸引其他国家的企业投资入园，从而达到"抱团出海"的目的。

截至2022年年底，中国境外经贸合作区125家，其中112家位于共建"一带一路"国家，占比近九成。整体上看，亚洲分布的合作区最多，占到总量的四成，其次为欧洲和非洲，分别占总量的30%、24%。截至2023年10月，中外投资共建的海外产业园已超过70个，中国和马来西亚、中国和印度尼西亚的"两国双园"及中国-白俄罗斯工业园、中阿（联酋）产能合作示范园、中埃（及）·泰达苏伊士经贸合作区等稳步推进，其中绝大部分位于"一带一路"国家。海外工业园已成为推进"一带一路"建设的重要抓手，涉及加工制造、农业开发、资源利用、商贸物流等多个领域。建设海外工业园区是中国企业利用两个市场实现有序配置资源、参与国际竞争的重要途径。

案例：北美华富山工业园

北美华富山工业园，由中国华立集团、富通集团联合墨西哥当地名门望族桑托斯（SANTOS）家族共同投资，于2015年10月注册成立公司。2019年3月4日，首家入园企业新坐标（墨西哥）股份有限公司正式投产开业。随着中国企业争相涌入，园区一地难求。北美华富山工业园是中国在墨西哥投资设立的第一个工业园，是一个旨在为中资企业提供中文一站式服务的境外优势产业转移平台。工业园位于新莱昂州首府蒙特雷市北郊，区位优势明显，距蒙特雷市中心20公里，距美国得克萨斯州边境口岸拉雷多市约200公里，交通便捷。园区总规划面积8.5平方公里，提供土地、标准厂房、仓储物流和商业、生活设施。园区根据当地产业特点，结合中国企业优势，重点招引汽摩零部件、家电零部件、家具、机械电子、通信、新材料及相关法律允许的产业。

中国企业聚集于此，交流顺畅，也便于产业链上下游的合作。对于大部分出海墨西哥的中国企业来说，它们都缺乏对墨西哥当地的了解和在当地经营的经验，面临一系列的挑战。华富山工业园这个平台可以大大降低企业投资风险，有助于企业避免不必要的经济损失和学习成本。目前，工业园内已经入驻了30多家企业，代表性行业有汽车及零部件、家电和家居。譬如中国家电巨头海信集团便在此设立了智能家电产业园。

北美华富山工业园董事长胡海告诉我："工业园在2023年全年接待从中国前来的企业和政府考察团超过500次，每个工作日都有两三批考察团前来，周末至少加一天班。"往年他接待的中国企业考察团大概有100批，2023年投资考察数量大爆发，主要是因为压抑两年的需求集中释放了。这几年美国与中国发生贸易摩擦，使得中国的部分产能转向墨西哥，但是眼睛还是盯着美国。胡海介绍，2023年入驻工业园的新企业，几乎都是特斯拉的供应商，如果中国企业不出海，就会失去特斯拉的订单。胡海表示，墨西哥是中国制造业出海北美的新兴热土，这一热度还会持续三到五年，目前这里还是一个蓝海市场。

上述是我总结的中国企业出海过程中可以复制和借鉴的十大模式，这十大模式已经有很多成熟的企业案例。值得一提的是，在企业全球化的过程中，实际情况是千变万化的，企业需要灵活运用。从长远发展来看，没有企业会只采用一种模式，往往是多种模式组合，从而发挥各种模式的优势，达到最佳的商业效果。当然，每种模式都对企业自身有很高的要求，企业需要根据自身的产品和财务状况做出判断，活学活用。

03
中国企业可借鉴的十大理念

03 | 中国企业可借鉴的十大理念

如果说上一章提到的十大模式是较为务实且中国企业可以完全复制和借鉴的,那么本章的十大理念就是相对务虚的。可谓一实一虚,缺一不可。十大理念可以贯穿企业制定和执行全球化战略的始终,一步步指导中国企业走向全球化的成功。十大理念中,既有"道"的层面的长期坚守、天道酬勤、客户导向、先易后难和入乡随俗,又有"术"的层面的决策前移、灵活商务、打造样板、竞争合作和激励冲锋。

理念一：长期坚守

长期坚守是指中国企业在全球化的过程中，要做好充分的调研，制定长期的战略和规划，坚持服务好自己的客户。即使遇到海外市场的政局动荡和金融危机，也要克服困难，从全球化整体战略的角度出发，坚持做好本地化经营、售后服务和品牌提升等工作，长期坚守好自己的海外目标市场和客户。

在中国企业全球化过程中，最容易犯的一个错误就是把全球化当成短期商业行为，没有做充分的调研，也没有长期的规划和战略，匆忙出海，有很大的投机成分。毋庸置疑，确实有很多企业凭借自身的产品优势和价格优势，在国际市场上挣到了快钱，但是它们不搭建售后服务体系，也不做品牌营销，只希望快速复制经验，在下一个市场捞一笔就走。从长远的角度来看，这样的企业很少可以做大、做强，这也是它们很难在真正意义上成为全球性企业的一个原因。在媒体上，经常可以看到有些企业在国内市场取得一定的成功后，高调宣布要进军国际市场，声势浩大地出海，但在海外遇到拓展困难后又很快打退堂鼓，"打一枪换一个地方"。这种模式非常短视，也不可取。

案例：华为经营巴西20年利润转正

早在1998年左右，华为就开始了对巴西市场的拓展，这也是华为拓展的首批海外市场之一。西方竞争对手已经在巴西运营多年，沉淀了良好的客户关系，与当地业务的适配度也高，这些对于华为来说是巨大的挑战。但更大的挑战是巴西动荡的政局、衰退的经济、复杂的营商环境以及当地生产的要求，而且巴西有全球最严苛的税法和劳工法。所以，相比其他海外代表处，华为在巴西当地的经营步履维艰，财务上一直没有实现盈利。

我在2013年从华为欧洲总部被任命到拉美的智利代表处（由原华为南美南地区部管辖）。当时的南美南地区部总部就在巴西，巴西代表处也是区域内员工数最多、体量最大的代表处，但是长期不盈利。内部经常调侃说，华为巴西的奖金包是靠周边像智利这样的高利润国家的盈利来补贴的。多年来，华为人对巴西的印象就是签证难、业务难、经常被抢和"夜总会"（由于时差，巴西的晚上是中国的白天，所以华为巴西员工习惯于在晚上与总部开会），很多华为员工不愿意被外派到巴西。

2024年2月12日，我访谈了2000年就被外派到巴西的前主管亚当（Adam），他是原华为巴西利亚和圣保罗办事处主管，在巴西连续工作了近10年，后担任全球某大客户部部长，仍然和巴西有密切的业务往来，是华为开拓巴西的早期主管，也是拉美区域业务的资深主管。在谈到华为为何在巴西20年才盈利时，Adam认为主要有以下原因：

1. 巴西人工成本高、关税高、运费高，安装等交付服务成本也高。

2. 本地化生产的良率经过了很长时间才得到提高。

3. 巴西税务法规复杂，华为巴西代表处的收入占比还达不到国际业务收入的10%，但所开发票量是华为全球业务开票量的80%。票开不齐就无法发货。

4. 巴西劳工法规复杂，导致华为在巴西的劳工纠纷约占全球所有纠纷的80%。

5. 竞争因素。巴西市场作为南美洲最大的电信市场，各大通信设备供应商虎视眈眈，志在必得。

巴西作为拉美最大的经济体，2024年人口2.13亿，居拉美第一、全球第七，约占拉美总人口的1/3，2023年人均GDP约1万美元，每年的电信投资预算拉美最高。例如2011年11月16日，巴西通信部部长宣布为了迎接2014年的世界杯和2016年的奥运会两大赛事，巴西几大运营商将在接下来5年里投入700亿巴西雷亚尔（约合414亿美元）来提高互联网和移动通信服务水平。这样的重大商机转化过来的招标项目，在华为内部被称为"山头项目"，往往由公司领导直接挂帅，举全公司资源确保拿下。例如，西班牙电信是巴西最大的电信运营商，也是全球最大的跨国电信运营商之一，西班牙电信通常会选择把几个国家"打包"统一进行采购招标，招标结果直接决定各电信设备供应商的市场份额，像3G、4G、5G这样的战略机会点往往需要多年的等待，且机会稍纵即逝。毫不夸张地说，拿下了巴西的通信市场，就相当于拿下了半个拉美区域市场。

华为一直是巴西电信市场的行业龙头，其电信设备在巴西市场占比超过40%。2023年5月，任正非再次强调华为在巴西获得的5个大型基础设施订单总金额将全面突破1500亿美元，可见华为在巴西市场地位举足轻重。这也决定了华为在拉美区域的市场份额。对于战略机会点，华为从来都是饱和攻击，这也解释了为何华为在巴西即使20年没有盈利，公司仍要进行战略补贴，长期坚守。

2018年6月6日，华为董事长梁华在巴西数字转型峰会上发言：

我们在巴西深耕已经20年，就像今天论坛主题In Brazil, For Brazil（在巴西，为巴西）所揭示的那样：我们做大产业、构建生态，我们深耕巴西、履行社会责任。

我们和运营商一起让巴西超过2/3的人口实现了联结。特别是我们一起建设了亚马孙雨林地区第一个高速光纤网络，连接20多个城市，数百万巴西民众因此获益。

……

我们的专家团队与客户一起紧密协作，全天候现场值守，保证了世界杯、奥运会的网络零故障，大家尽情享受到体育赛事的美好。

可以说，华为深耕巴西20年，经历了无数个世界杯、奥运会、狂欢节这样的瞬间，无数的这些瞬间汇聚成了华为巴西20年的艰辛、发展和贡献。

……

华为在巴西已经营20年，作为重要的信息与通信技术（ICT）基础设施及行业数字化伙伴，我们将继续高质量服务于巴西。

理念二：天道酬勤

天道酬勤，是大部分中国出海企业都会提倡的核心价值观。中国企业在出海过程中，因为缺乏品牌和成熟的全球化运营的后台支撑，接触海外客户后，才发现企业出海落地各方面都有问题。向总部呼唤"炮火"支援，但很可能马上就发现根本无法从总部获得很多有力的支援，只有靠投入更多的时间，用更好的态度和更多的工作来满足客户需求。这个过程可能非常漫长，也可能需要几拨人前赴后继的努力，势必会让很多员工背井离乡，远离自己的亲人，长期坚守海外。这是非常不容易的。

华为设置了"天道酬勤"奖，目的就是奖励在海外长期艰苦奋斗的员工。在海外连续工作10年以上或在艰苦地区连续工作6年以上的员工，都有资格申请。奖牌是水晶做的，印有那双著名的芭蕾舞者的脚[1]，上面写着罗曼·罗兰（Romain Rolland）的名言："伟大的背后都是苦难。"我曾被华为连续外派到海外13年，平均每2~3年换一个国家，2016年被华为授予"天道酬勤"奖的奖牌。在外派过程中，我遇到了很多在各自岗位上勤勤恳恳、长期坚守在海外一线的同事，他们和背后支持他们的家属都非常伟大。可以说，和华为人一样投身海外建设的这批人，在中国企业全球化的历史中留下了浓墨重彩的一笔。

---

1 华为在2015年3月18日《人民日报》第16版刊登过一则广告，画面上是一双芭蕾舞者的脚，一只穿着舞鞋，光鲜亮丽，另一只赤裸的脚上则满是伤痕。广告文案是"我们的人生，痛，并快乐着"。——编者注

案例：华为"一人一厨一狗"的奋斗者精神

华为著名的"一人一厨一狗"故事，原型是华为员工叶辉辉。2019年，他写下文章《一人一厨一狗》。

科摩罗是一个岛国，位于非洲大陆与马达加斯加岛之间，人口只有87万（2023年）。2013年，24岁的叶辉辉刚进入华为一个月，就被派到了科摩罗，负责当地的一个海底光缆项目。此前为了这个项目，华为已经耕耘数年。科摩罗条件艰苦，几乎与世隔绝，每天只有一两个小时有电。叶辉辉的宿舍"房屋年久失修，设施破旧，没有水也没有电"，他刚给国内的母亲打电话叫了声"妈"，就没有信号了。刚开始，叶辉辉只能靠外边的同事带的蔬菜水果改善生活，每天还要抓紧在有电的时候烧水、做饭、洗澡，然后躺在床上思考，感受印度洋的海风和星空，那种与世隔绝般的孤独和寂寞是常人难以想象的。

一个年轻人，跑到人生地不熟的异国他乡，语言不通，生活不便，又孤独又冷清，还要遭受来自客户的冷遇、质疑和不信任，那种身心备受磨砺的滋味，实在是一言难尽。除此之外，还有生命的危险。叶辉辉就曾遇到过乘坐的小飞机突然失重的情况，还曾乘着冲锋舟遭遇暴风雨差点掉进海里，他怕合同被打湿，就藏在了衣服里面。风雨过后有彩虹，叶辉辉通过这段经历得到了很大的磨砺："这是我人生第一次看到如此壮丽的景象，我刻骨铭心地领悟到生命是如此宝贵，能掌握自己命运是多么幸运！我一定要好好把握自己的命运和未来，遇到困难就迎头面对它！"

2014年，因为科摩罗市场有起色，华为设立了科摩罗办事处，并为叶辉辉配备了一位厨师，他的生活条件才算真正有改善。由于叶辉辉是在当地待得时间最长的华为员工，厨师几乎成了他的专属。2019年，科摩罗现代化网络项目交付。"项目建成后，科摩罗将实现全岛的2G、3G、4G覆盖和光纤到户，以后，在科摩罗任何一个角落上网，都和在国内一样便捷了。"

由于通信水平的进步，越来越多的企业和国家愿意前往科摩罗进行援助和投资，极大地促进了当地基础设施建设，缺电缺水的状况有了很大的改善，也带动了当地经济发展。因此，科摩罗政府骄傲地对外宣布说：我们是印度洋上第一个用上4.5G的国家。华为也已经成为科摩罗最受欢迎和尊敬的中国企业。

理念三：客户导向

客户导向是指企业以满足顾客需求、为顾客提供更多附加价值为企业经营出发点，在经营过程中特别注意对顾客的消费能力、消费偏好及消费行为的调查分析，重视新产品开发和营销手段的创新，动态地适应顾客需求。只有那些以消费者为中心，为目标市场提供卓越价值的企业，才能赢得市场。这些企业不光制造产品，还深谙市场营销。

案例：TCL华星以客户为中心

TCL华星光电技术有限公司（简称"TCL华星"）成立于2009年，是全球半导体显示领域的龙头企业。由于国际市场的竞争格局已经形成，作为后发者，TCL华星的车载事业部从起步便遭遇了不小的挑战。如何打破当时国际份额为零的被动局面，赢下海外"第一单"，至关重要。当时，车载温控系统领域的佼佼者是德国的贝洱海拉温控系统有限公司（BHTC），意识到车载显示屏的巨大发展潜力，它计划联手有技术优势的显示屏企业共同进军这片市场。作为"新玩家"的TCL华星一开始并不被BHTC看好，但在TCL华星车载事业部团队的共同努力下，双方高效协商，快速达成了合作。

首先，TCL华星深入洞察客户的资源需求，借势脱颖而出。团队从客户的资源需求入手，巧借TCL华星的集成电路（IC）资源优势，让客户看到自己在稀缺资源供给方面的独到优势。其次，TCL华星洞察客户对平台实力的要求。团队深耕显示行业多年，尤其了解欧美大客户对平台的高要求——他们需要合作企业有强大、稳定的供应链能力，而这恰好是TCL华星的特点。团队从集团平台背景、供应链系统、研发制造能力等多个维度，全面展示了自身的实力。最后，TCL华星洞察客户对技术开发的要求，聚焦车载产品，以长远技术规划为基础，向客户描绘出携手创造未来的美好图景。基于这样的客户洞察和需求满足能力，车载团队以行动实践"以客户为中心"，为TCL华星车载显示屏打入海外市场赢得了漂亮的一仗。

2024年1月9日，第57届国际消费类电子产品展览会在拉斯维加斯隆重开启。在当前国产消费电子产品正向着品牌化、高端化转变的时代，TCL华星以其自主研发的多项技术优势，引领显示器、笔记本电脑、平板新趋势，在会展上大放异彩。TCL华星致力于满足全民对健康护眼的需求，依托全球先进的技术，专注于提供全光谱护眼解决方案。TCL华星主动推动视觉生态系统的建设以及视觉健康标准的制定，致力于为消费者提供值得信赖的护眼显示屏作为接收信息的窗口与人机交互的载体，这正是客户体验感的关键来源。正是因为TCL华星以用户需求为标尺，它才能做到从空口无"屏"到好"屏"如潮的转变。

理念四：先易后难

先易后难经常被形容为"农村包围城市"，是指中国企业在全球化过程中先拓展相对较容易的区域、市场，积累了一定的人才和经验后，再去拓展相对发达的区域、市场。先易后难是一种非常有效的方式，可以更有效地利用好企业的现有资源，也使企业更容易取得成功，从而给团队带来信心。

案例：美的实践"先易后难、务实稳健"模式

美的集团股份有限公司（简称"美的"）创立于1968年，创始人何享健，总部在广东佛山。在20世纪80年代，何享健就说："不与国内同行争市场，走出国门闯天下。"1981年，美的成为广东第一家拿到自营进出口权的民营企业。当时的美的在核心技术方面有所欠缺，难以在欧洲市场立足，而东南亚市场前景广阔，因此它首选在东南亚进行企业全球化初步布局。

2007年，美的投资2500万美元在越南平阳省建立了首个海外生产基地，主要生产电饭煲、电磁炉、电水壶等小家电。越南基地被视为美的面向东盟市场的重要战略据点。2017年，美的热水器事业部在越南建立了制造基地，该基地定位为事业部最重要的海外制造基地，任务是发挥"一带一路"的优势，立足越南，辐射东南亚，贴近当地市场，快速反应，同时满足高关税国家如埃及、阿根廷等的客户需求。2020年，美的借助东芝等一系列品牌，成功在亚太地区获得25%以上的市场份额。但是在欧美等主流市场，美的的市场份额仍然很少，这与其在国内和东南亚的市场地位形成鲜明对比。主要原

因是欧美国家的经济水平相对较高，消费者具有更高的消费能力和购买力，更看重产品和服务的品质及技术的创新。

2011年，美的制定了拓展欧美市场的三大战略：产品领先、效率驱动和全球经营；到2021年，美的推出新的四大战略目标：科技领先、用户直达、数智驱动和全球突破。在研发布局上，美的在日本、印度等国家拥有17个海外研发中心；与美国的麻省理工学院、斯坦福大学等高校建立了联合实验室，进行深度技术合作。同时，美的在全球不同地区采取不同的品牌和经营战略，在欧美市场坚持通过原始设计制造商（ODM）等业务抢占规模化市场，建立了差异化的、复合式增长的海外扩张体系。2022年"双11"大促期间，美的欧洲市场的销量比预设销量目标高了近10倍，有些产品甚至卖断货，美的在欧洲家居市场快速蹿红。2023年，美的产品在西班牙、法国、俄罗斯等欧洲国家热卖，仅1月就卖出1000多台扫地机，为2023年的出海之旅开了个好头。

凭借"先易后难、务实稳健"的模式，美的2023年营收为3720亿元，海外收入占比40.56%，达到了1509亿元，跃居《财富》杂志世界500强第278位，成为名副其实的全球家电龙头之一。此外，美的空调在海外市场也获得了《消费者报告》（*Consumer Reports*）、CNET Networks等国外权威媒体颁布的最佳空调奖项，广受赞誉。

理念五：入乡随俗

入乡随俗指的是中国企业在进入不同国家和文化环境时，调整其业务策略和行为，以更好地适应当地的文化、习俗和市场需求。这种策略认识到不同地区有不同的文化特征和消费习惯，因此需要灵活变通，以便在全球市场上取得成功。华为在新西兰发售产品前，就利用新西兰人对橄榄球的特殊偏爱，打出了"5G没有华为，就像橄榄球没有新西兰一样"的广告，一下子取得了新西兰人的好感，成功让华为成为高科技的代名词。

案例：海尔的本地化出海之路

海尔集团（简称"海尔"）创立于1984年，创始人张瑞敏，总部在山东青岛。海尔的出海之路依靠的是它的品牌，但也不是一帆风顺的。海尔所到之处，采取的都是本地化策略，让品牌真正融入当地用户的生活。目前海尔布局了10+N[1]个全球研发中心、20多个国家级科研平台，拥有71个研究院、2万多名全球研发人员，为当地用户设计、研发满足差异化需求的产品。比如在欧洲，海尔针对当地天气多雨、潮湿的特点，推出了大容量除菌干衣机，迅速获得了当地用户认可；大多数冰箱都是上冷冻、下冷藏，海尔根据印度用户的素食文化特点，将冷藏室和冷冻室调换位置，创新推出不弯腰的冰箱；在巴基斯坦，海尔针对当地用户存放大量肉类的需求，研发出一次

---

[1] 所谓"10+N"就是以全球十大研发中心为开放的基础平台，根据用户痛点，随时并联全球研发力量。那些遍布全球的研发力量就是N，是一个变量，根据用户需求而变。

可放入12头羊的冷柜；在日本，针对当地地狭人稠、人均居住面积较小的情况，海尔推出了3门超窄冰箱、宽度仅50厘米的前开门式冷柜等精致轻薄型产品。

海尔自出海创牌以来，已在全球建立起"全球造"体系，如"美国造""罗马尼亚造""新西兰造""泰国造"等，这些名字折射出一个庞大又完善的供应链体系。持续推动构建本地化供应链，不仅提升了产品的质量、性能和设计，还有效缩短了物流和产品上市的时间，有力地支撑了与用户之间的短距离交互。坚持本地化，不仅保证了海尔能够提供更符合当地市场需求的产品和服务，还有效降低了物流成本，提升了对市场的响应速度，更创造出了自己的本地化品牌。

"三融一创"，即海尔通过融资、融智、融文化，打造本地化品牌，体现了其国际化战略的终极目标。企业实施人力资源本土化和产品品牌本土化的策略，目前已经深入200多个国家和地区，服务超过10亿用户家庭，在全球拥有122个制造中心、108家营销中心。另外，海尔还在世界各地建有完善的服务网络，这些全球化的布局是业内领先的。

理念六：决策前移

决策前移是指企业制定相关授权制度，将决策权从总部下放给海外一线各区域管理团队，而后方（一般是指总部职能部门和产品线）则提供支持和保障。在这种模式下，流程的优化和梳理需要逆向进行，即从客户需求和市场需求出发确定目标，以目标为导向优化流程，确保所有工作都以支持"前线"为中心。一线团队与后方协同工作，共同控制和优化流程中的关键节点，减少不必要的流程和人员，以提升海外团队的运营效率，并为持续发展奠定基础。之所以要决策前移，是因为一线更加靠近客户，更加了解客户需求，也更加了解海外当地的营商环境和法律法规。

案例：华为的海外地区部管理

任正非说过："让听得见炮声的人来呼唤炮火。"

海外地区部管理是华为全球化非常成功的一种管理模式，这种模式被沿用至今。华为在全球化过程中形成了多个海外地区部，各地区部的下属部门齐全、功能完备，除了财务和少量的人事任免权，华为将大部分权力都按照制度下放到地区部了。而地区部是一个承上启下的组织，发挥着不可替代的作用，因为地区部又将很多决策权下放给了华为各国代表处。代表处是华为销售的重要组成部分，其下属的大客户系统部又是华为在全球最基础的"作战"单元。

简而言之，总部管地区部，地区部管代表处，代表处管办事处，每一层向上一层汇报和述职，销售指标和年度任务也一层层往下传递。华为把地区部总裁称为"地总"，把国家代表处总经理称为"国家代表"或"国代"。无论是"地总"还是"国代"，都是华为从公司重大"战役"中挑选出来的"身经百战"的"将军"，其人选非常重要，必须是能独当一面的综合性管理者。

理念七：灵活商务

灵活商务是指通过直接降低价格或者灵活调整商务条款来满足客户的预算需求，从而确保企业在客户的采购招标中胜出。经济好的时候，企业预算也多，价格可能不是企业采购决策的决定因素，然而近年来全球经济增长放缓，大多数企业都面临着降本的压力，灵活商务也自然成为大多数企业采购决策过程中最关键的决定因素。值得一提的是，在当今的复杂商业环境中，企业采购选择行为中的非价格因素已经变得越来越重要了，例如支付条款、罚款条款和售后服务条款等。所以说，灵活的商务策略可以直接影响到企业的后续市场份额和盈利。在确定企业的商务报价过程中，首次销售产品如何定价、如何根据时间和市场环境的变化调整产品价格，以及如何应对竞争对手的价格变动等，都是企业要重点考虑的问题，要保持高度的灵活性。

案例：小米印度的价格策略

小米科技有限责任公司（简称"小米"）创立于2010年，创始人雷军，总部在北京。2014年7月，小米正式进军印度，开启了中国手机逐渐占据印度半壁江山的第一步。拥有超过14亿人口的印度半岛，是一个让各商业帝国都眼红的巨大市场。当年，三星还稳坐印度智能手机的销冠宝座，小米作为半路杀出来的黑马，用饥饿营销打响了自有手机品牌的知名度，同时定价比同期的三星及其他品牌的手机都低。经过多年努力，小米终于将三星拉下宝座，在印度的手机市场上站稳了脚跟。

印度认购手机的结构中，年轻人占的比重最高，但印度整体的购买力不是特别强。为了争取市场份额、打响品牌，小米一开始就把智能手机的定价定得非常亲民，一部对国内来说是低端配置的手机，在印度大概只需要7000卢比，约合590元人民币。此前三星在印度是最受欢迎的手机品牌，但要买一款三星智能手机，要花10000卢比以上。小米将其产品的售价定为成本价加上一个固定的、相对较低的利润率，这个成本定价策略的基础是以较低的利润率销售产品，将成本控制作为核心，以此实现产品的高性价比。这使小米的产品在价格上具有明显优势。在综合分析印度市场情况后，小米推出的产品价格在5999~14999卢比（500~1500元人民币），低于苹果、三星等国际知名品牌的价格，又与低于5000卢比的印度本土品牌有所区别。可以用极低的价格获得更高配置的手机，这让小米迅速获得大量印度消费者的青睐。

《日本经济新闻》2018年5月30日报道称，2017年第四季度到2018年第一季度之间，小米以31.1%的市场占有率在印度市场从三星手中夺走了市场占有率第一名的宝座。此后，小米连续5年成为印度智能手机市场的领跑者。虽然在2023年其市占率一度滑落至第三位，但得益于其在平价市场推出5G手机的战略、线下扩张和更精简的产品组合，2023年第四季度，小米再次位居榜首。

理念八：打造样板

打造样板指的是企业将在新市场或地区成功实施的商业模式或服务策略，作为一个成功案例或样板，复制或适当调整后运用到其他市场。这种策略的核心在于利用已经证明有效的方法，减少新市场的不确定性和风险。打造样板是中国企业全球化过程中行之有效的模式，已经被广泛使用。

案例：格力凭借南非世界杯项目拿下卡塔尔世界杯项目

珠海格力集团有限公司（简称"格力"）创立于1985年，创始人朱江洪，总部在珠海。2010年，格力在南非世界杯空调供应竞标中作为中国唯一的空调代表企业，一举中标，为南非世界杯开幕式和决赛主场馆、世界杯官员办公大楼、世界杯Sinaba比赛训练体育场，以及作为世界杯重点基建配套的南非高速铁路项目豪登高铁、普罗蒂亚连锁酒店等7个工程提供多联机组、螺杆机、户式机、终端空气处理设备等产品。这是中国中央空调第一次中标世界杯主场馆空调项目。

众所周知，体育赛事对场馆内的温度、风向、声音都有严格的要求，比赛环境的好坏能直接影响运动员在赛场上的表现。过硬的质量、核心的技术、创新的设计、灵活的运用等，都是主办方在选择供应商时需要考虑的必要条件。世界杯开赛10多天来，经过实际检验，格力空调的优良品质获得了各界认同。国内资深人士认为，强调自主研发的格力正努力从"中国制造"进化为"中国创造"，而此次世界杯上的高科技格力空调就是"中国创造"

走向国际的一个信号。格力技术专家指出，南非世界杯工程中空调面临昼夜温差大的挑战，需要晚上制热、白天制冷，这对空调性能要求非常高。格力采用了世界一流的数码多联机组热回收技术，确保空调在南非的特殊气候下能同时进行制冷和制热。凭借低碳节能的能耗、灵活的设计和可靠的安装，格力为世界杯期间来自32个国家的球员和全球球迷提供了舒适的环境温度。格力通过在南非世界杯期间提供高效、可靠的空调解决方案，积累了大型国际赛事的服务经验，特别是满足大规模、高标准要求和快速部署方面的经验。格力还通过南非世界杯项目的成功，展示了其在空调技术方面的创新和先进性，因此与多个国际伙伴和组织建立了联系和合作。这种国际合作网络的扩展为其后续的卡塔尔世界杯项目提供了有利的合作基础。

2022年11月20日的卡塔尔世界杯上，格力电器为教育城体育场、974体育场、麦蒂娜娜球迷村等多个场馆提供了中央空调，总计4万多台（套）。卡塔尔是热带沙漠气候，一年中只有夏季和冬季。夏季炎热，气温有时超过50摄氏度，即使是冬季，气温也能达到约30摄氏度。即便这届世界杯在冬季举办，空调系统对于各个场馆来说仍是必需品。鉴于中东地区的极端气候，格力凭借其技术专长和经验，成为主办方的理想选择。为开放式体育场提供冷却设施是对空调设备的极大挑战。格力之前在南非世界杯项目中提供制冷设备，不仅证明了其技术实力，而且格力还由此获得了大型体育赛事服务经验，因而受到这届世界杯主办方认可。作为阿拉伯地区首届世界杯，以及首次在北半球冬季举办的世界杯，卡塔尔世界杯具有特殊意义。格力通过严格的筛选成为空调供应商，再次展示了其技术水平，并体现了中国制造在全球范围内的品牌力和服务能力。

理念九：竞争合作

竞争合作是指竞争对手之间通过契约形成一个互补优势、共担风险、结构灵活的战略合作伙伴关系。这种模式是国际产业分工与协作的一种虚拟形式，体现了既竞争又合作的国际化经营策略。在经济全球化和一体化的背景下，企业若无法在市场竞争中占据领先地位，融入国际分工和协作体系便成为一条可行之路。随着国际专业化分工的深化、科技的发展和互联网的普及，企业无论规模大小，都需通过与其他企业的合作来获得市场成功。竞争与合作并存，形成竞合一体化，已成为企业发展的必然趋势，表现形式之一就是战略联盟。

案例：小鹏汽车与大众达成长期战略合作

广州小鹏汽车科技有限公司（简称"小鹏汽车"）创立于2014年，创始人何小鹏，总部在广州，是国内领先的智能电动汽车制造商之一。2023年7月27日，小鹏汽车与世界汽车行业中最具实力的跨国企业之一大众汽车集团（简称"大众"）共同宣布，双方就战略技术合作签订框架协议。2024年2月29日，小鹏汽车与大众正式签订了平台与软件战略技术合作联合开发协议。这一协议的签订，标志着双方正式开始技术方面的合作。

战略技术合作的目的是利用双方的互补优势，建立长期、双赢的战略合作关系。小鹏汽车和大众将基于各自核心竞争力与小鹏汽车的G9车型平台、智能座舱及高阶辅助驾驶系统软件，共同开发两款B级电动汽车车型，以大众汽车品牌在中国市场销售。随着合作的不断推进,小鹏汽车与大众的联合开发车型预计在2026年正式上市。届时,这些车型将成为双方合作的重要成果,或许能起到1+1＞2的效果,甚至会成为其他合资车企转型的样本,为全球电动汽车市场注入新的活力,推动整个行业向着更加绿色、智能的未来迈进。

小鹏汽车一直在拓展智能电动汽车行业的创新边界。自成立以来,它创造了众多行业第一,其引以为豪的高阶NGP(智能导航辅助驾驶)系统也在不断进步。这次合作体现了双方的强强联合和优势互补,预示着双方将进入一个更高质量的发展阶段。中国汽车产业经过数十年的快速发展,已经从无到有,成为全球最大的汽车生产和消费市场。特别是在新能源领域,中国汽车市场在电动化、网联化、智能化和共享化方面的需求,正在引领全球汽车行业的转型。

理念十：激励冲锋

激励冲锋是指企业为了激发内部员工的士气，对有突出贡献的员工给予特殊的激励，这也是一种企业文化的导向——导向冲锋，导向高绩效，导向为客户创造价值；同时也不让员工吃亏，"给火车头加满油"，避免"让马儿跑又不给马吃草"。企业的经营本质就是价值驱动，也就是价值创造、价值评估和价值分配的全过程。如果企业可以从制度层面确保企业文化就是导向为客户创造价值、导向高绩效的，同时又拥有成熟的绩效评估体系，那么当员工为企业提供了高绩效的工作后，就能获得相应的激励。这个激励可以是物质激励，也可以是精神激励。这样的"责权利"的分配，可以让员工充分发挥主观能动性，拥有内在的驱动力，人人争当高绩效的员工，人人为企业的业绩冲锋，避免形成"给多少钱就做多少事"的现象。同时，企业应将精神激励与物质激励充分结合，通过精神激励提升物质激励的价值，反之亦然，两者相辅相成，缺一不可，从而最大限度地激发员工的内在动力，导向冲锋。

案例：比亚迪员工持股"0元购"激励海外销售

2022年4月22日，比亚迪发布公告《2022年员工持股计划（草案）》，"参与本员工持股计划的总人数不超过12000人"，"受让价格为0元/股，参与对象无须出资"，对象包括职工代表监事、高管，以及中层管理人员和核心骨干员工。比亚迪计划以自有资金18亿元至18.5亿元回购股份，用于员工持股计划。

18亿元对于比亚迪来说并不是笔小钱。财报显示，2021年比亚迪营业收入为2161.42亿元，同比增长38.02%，实现归母净利润30.45亿元，同比下降28.08%。从数据可知，比亚迪2021年赚的钱相比上一年是减少了的。比亚迪实施这项大规模的员工股权激励计划，将2021年约60%的净利润用于向员工免费发放股票，这一举措并非无条件的，员工获得股票的前提是必须实现2022年至2024年连续3年的业绩考核目标，具体要求为每年的营业收入同比增长率分别不低于30%、20%、20%。这些免费发放的股票将分三期解锁，解锁时间点分别是在股票过户至员工持股计划名下后的12个月、24个月和36个月，每期解锁的比例为30%、30%和40%。这意味着，为了获得全部股票奖励，被激励的员工在未来3年内需留在公司并实现既定的业绩目标。显然，比亚迪的这一策略旨在将企业业绩与核心员工的利益紧密绑定。

实际上，员工激励计划于一年后初见成效。2022年全年，比亚迪新能源乘用车出口量5.6万辆，同比增长307%；2023年，比亚迪新能源乘用车出口量为24.3万辆。显然，比亚迪通过投资18亿元来激励员工，获得了近4000亿元的营收增长，从长远来看，这种投资是划算的。此举不仅能够激发员工的积极性和忠诚度，还能加强团队的稳定性，实现公司与员工利益的双赢。

上述是中国企业出海可以借鉴的十大理念和典型案例。企业在全球化过程中，从制定战略到执行战略，都需要根据自身的企业文化和管理制度，活学活用，从而达到最佳的商业效果。

04
中国企业全球化的战略规划

中国企业出海全球化，需要协调企业内部各方面的资源，保持长期主义，也涉及企业内部所有人员，所以，企业非常有必要根据所处的行业趋势、自身的实力、产品和团队的现状、客户的分布和竞争对手的情况，综合考虑全球化战略规划。5W2H分析法又叫七问分析法，创于第二次世界大战期间的美国陆军兵器修理部，简单易懂，非常实用，广泛用于企业管理，对于决策和执行性的活动措施也非常有帮助，对企业的全球化战略规划也非常有启发意义，有助于弥补考虑全球化问题时的疏漏。接下来我将采用5W2H分析法，从以下几个方面来阐述：

What：什么是出海全球化？

Why：为什么出海？

Who：谁来出海？

When：何时出海？

Where：去哪里出海？

How：如何出海？

How much：要投入多少成本出海？

什么是出海全球化

中国企业的出海全球化,通常是指企业自身发展到一定阶段,在国内市场积累了一定的产品和服务经验,也具备了一定的实力后,将自己的产品和服务推广到国际市场的过程。这是企业发展到一定阶段时,非常有战略意义的商业决策,也意味着企业的生产经营活动已经不局限于一个国家,而是步入了面向全球经济舞台的发展阶段。当然,现在也有越来越多的小企业由于资本或技术本身就来自海外,"生而全球化",所以从一开始就在进行全球化的布局。

中国企业的全球化过程,不仅涉及产品的研发、生产和销售,还涉及市场调研、品牌推广、售后服务、供应链管理、跨文化团队搭建、企业公共关系等多个方面。前文已经提到中国企业的全球化将经历国内市场阶段、产品外贸阶段、海外事业部阶段、国际化阶段和全球化阶段。中国企业全球化是经济全球化的产物之一,它不仅意味着企业要在全球范围内配置资源、打造全球化的企业,还意味着企业需要立足全球,在全球范围内进行品牌推广和市场占领。

总的来说,中国企业全球化是中国企业发展到一定阶段时参与全球经济活动的一种高级形式,它要求企业具有全球视野和全球企业管理能力,以适应高度自由的世界各国之间的货物流动、资金流动、服务流动、技术流动、人员流动、信息流动。

为什么出海

企业存在的目的是盈利，企业出海首先是为了拓展更多市场、客户和渠道来增加盈利。如果具体分析每家企业为什么而出海，目的则各不相同，大部分是为了拓展市场和渠道、学习技术、获取人才、提升品牌和融资等，而这些都是为了直接提升企业自身的能力。例如，通过获取海外的先进技术和国际化人才，不断提高产品和服务的附加值；或是通过与海外大客户直接合作来提升企业的品牌影响力，从而实现企业利润的不断增长。有些企业是主动出海的，但也有很多企业是被动出海的。德勤的出海研究报告也证实了这一点：55%的调查对象称出海的目的是开拓广大的海外市场；同时，调研中19%的企业表示开拓海外市场的另一主要原因是服务好客户，例如当重要大客户开始全球布局时，上下游企业就只能被动出海，以更好地满足它们的本地化需求。

对于某些行业来说，国内市场竞争激烈，大企业已经占据了主导地位，此时中小型企业出海成为一种策略：在不同的市场环境中找到适合自己的生存之道。对于中小型企业来说，出海提供了一个避开激烈竞争、利用海外市场开发潜力的机会。另外，国内市场的变化也会导致企业遭受较大风险，出海可以帮助企业转移这些风险，保障生存和发展。

一、为了拓展市场

2023年，全球有197个国家，80亿人口。中国企业选择出海，就意味着可拓展潜在的196个国家和60多亿人口的广阔市场。大部分制造型企业都对广阔的海外市场充满渴望，目前中国企业全球化的标杆也以制造业为主。它们纷纷引进先进技术和国际化人才，充分利用海外市场扩大产能，以进一步摊薄成本，提升自身的产品竞争力。

深圳迈瑞生物医疗电子股份有限公司（简称"迈瑞医疗"）创立于1991年。刚成立的那几年，国内的医疗器械生产几乎被通用电气、飞利浦、西门子等品牌垄断。尽管迈瑞医疗的产品性价比很高，大医院却总是更信赖进口设备，因此它只能无奈选择"薄利多销"的模式。当时国际大厂商的监护仪售价在每台10万元左右，而迈瑞医疗的是每台4万元。然而即使价格这么便宜，迈瑞医疗的市场也仅停留在乡镇医院和农村医院，无法进一步拓展。到了1999年，当时发达国家医疗机构每100张床需要配备40台监护仪，而中国最好的医疗机构每100张床也只有20台。迈瑞医疗的创始人李西廷发现国际市场容量巨大，因此决定出海，去境外寻找更大的蛋糕。2000年左右，迈瑞医疗扬帆出海。截至2023年12月，迈瑞医疗在北美洲、欧洲、亚洲、非洲、拉美等地区的约40个国家设有62家境外子公司，产品远销190多个国家及地区，成功开拓了美国、英国、意大利、西班牙、德国、法国等欧美发达国家市场。事实证明，李西廷当年坚持的出海决策十分正确。2000年至今，迈瑞医疗从一个营收未过亿的企业成长为国内医疗行业的龙头老大，境外市场的开拓功不可没。从迈瑞医疗2023年的年报数据来看，企业实现营收349.3亿元，同比增长15.04%，其中境外市场营业收入135.5亿元，同比增长15.83%，占总营收的38.79%。迈瑞医疗高层表示：在未来，企业的目标是将境外业务收入比重提升至70%。近几年全球医疗器械市场规模呈逐年上升趋势，2023年达到6160亿美元，同比增长7.11%。从全球超万亿元人民币的市场规模来看，迈瑞医疗境外市场的增长空间仍然不可限量。

SHEIN创立于2008年，最初作为一家跨境电商主要向欧美市场销售时尚服饰。到2015年，全球电商市场快速增长，尤其是年轻消费者对时尚的需求不断增加。SHEIN创始人许仰天看到了这一商机，决定加大国际化布局，开拓更多海外市场。通过精准的社交媒体营销和与全球"网红"合作，SHEIN迅速提升了品牌知名度，并通过本地化运营满足不同市场需求。截至2023年12月，SHEIN在北美、欧洲、亚洲、拉美等地区设有多个运营中心和物流基地，产品远销200多个国家及地区，成功开拓了美国、英国、法国、德国、巴西、澳大利亚等市场。相关数据显示，SHEIN 2023年的年总营收约为150亿美元，同比增长43%。随着全球电商市场规模的持续扩大，SHEIN海外市场的增长空间依然巨大。

二、为了搭建海外渠道

海外渠道或海外国家代理经销商，就是连接生产商、零售商和消费者的一条条通道和一张张网络。渠道有不同的层级，生产商可按照产品、区域来搭建自己的国家代理经销商网络。经销商是企业实现海外销售的重要合作伙伴，企业为了更好地获取海外当地经销商的支持，进一步扩大销售规模，需要及时出海，以解决供应链、服务等相关问题。

宇通客车股份有限公司（简称"宇通客车"）成立于1963年。作为国内客车的龙头企业，宇通客车已经在国内通过直销模式树立了优质的品牌形象。但宇通客车在出海前缺乏海外渠道合作经验，也缺乏海外知名度，面对海外市场的差异化挑战举步维艰。此外，海外供应链和客户定制化的要求很高，需要企业深度了解当地市场需求，同时也需要很强的服务能力和持续维护能力。这些挑战限制了宇通客车直销模式发挥其优势。2000年，宇通客车与德国曼（MAN）集团达成战略合作，成立了猛狮客车有限公司，针对各个国家不同区域市场的差异化特点，以及不同经销商的服务能力、市场人脉拓展能力、资金能力等，划分了不同维度，通过组合设计来满足市场要求。宇通客车采用了"直销+经销"的销售模式，整体上满足了海外销售和服务要求。到2012年，即宇通客车海外渠道销售项目结束后的第三年，它顺利实现当初设下的目标：1/3的收入和利润来自海外。到了2023年，宇通客车通过60余家子公司、办事处、经销合作伙伴和直销团队等多元化渠道布局，在海外市场已经形成了欧洲、中东、亚太、美洲、独联体、非洲六大区域，共计40多个国家和地区的全面覆盖，累计出口各类客车近10万辆，成为全球主流的客车供应商之一。

三、为了引进和学习先进技术

海外某些行业技术先进，工业化程度也较高，引进海外高端技术一直是改革开放以来中国企业争相效仿的做法。毫不夸张地说，中国各行各业引进海外技术的案例比比皆是。受国际局势的影响，西方国家长期对中国采取技术封锁，出海是企业了解、接触海外先进技术的第一步，但这也是一条荆棘丛生的道路。现如今"中国制造"升级成"中国智造"，中国企业出海正在经历从劳动密集型、资本密集型到技术驱动型、思维创新型的转变。

2004年6月，上海汽车集团股份有限公司（简称"上汽"）与英国MG罗孚集团（简称"罗孚"）签署合作协议，双方就技术合作、整车研发建立战略合作伙伴关系。2004年年底，上汽又以6700万英镑购入罗孚25和75车型、部分发动机技术的知识产权及大部分研发团队，并以此为基础推出子品牌荣威，荣威成为上汽自主乘用车的主体。2005年，上汽又收购了原罗孚旗下的MG（名爵）品牌。名爵品牌作为上汽出海的重要依托，经过10年的海外扩张，已实现全球布局，汽车出口量位居自主车企出海第一梯队。上汽披露的数据显示，2023年名爵汽车全球销量超过84万辆，连续5年位居中国汽车单一品牌出口量第一名，约占上汽海外销量的七成。值得一提的是，名爵汽车的出口形式绝大部分为国内生产加整车出口。在西欧地区和澳大利亚等共计16个发达国家市场，名爵汽车2023年的销量接近38万辆。

宁德时代为了提升其电池技术和国际竞争力，积极采取出海战略，并在全球范围内进行布局。宁德时代一直致力于电池技术的研发，通过自主创新和技术积累，成为全球领先的电池制造商。为了获取先进技术、扩大国际市场，宁德时代在全球范围内积极布局，设立研发中心和生产基地。宁德时代在德国图林根州建立的欧洲研发中心和生产基地，是中国动力电池企业在欧洲的首个生产基地。该基地不仅为欧洲市场提供高性能电池，还与当地汽车制造商合作，推动电动汽车技术的发展。宁德时代在日本横滨设立的研发中心重点研发电池材料和新型电池技术，与日本本土的科研机构、企业深入合作，提升技术创新能力。同时，宁德时代也在美国设立了研发和销售机构，通过与当地车企合作，拓展北美市场，并积极参与新能源汽车项目。此外，宁德时代还与韩国的电池企业、汽车制造商合作，提升其在东亚市场的竞争力和技术水平。通过在全球设立研发中心和生产基地，宁德时代不仅提升了自身技术水平，还积极推动了电池技术的国际合作与交流。宁德时代是中国企业通过技术合作、全球市场布局实施出海战略的典范。

三一重工股份有限公司（简称"三一重工"）是中国最大的工程机械制造商之一。2012年，三一重工收购了德国混凝土机械制造商普茨迈斯特（Putzmeister）。普茨迈斯特在混凝土机械领域拥有多年的技术积累和市场经验，是全球领先的混凝土泵车制造商之一。通过此次收购，三一重工不仅引进了世界领先的混凝土泵送技术，还整合了普茨迈斯特在欧洲及全球市场的销售和服务网络，大幅提升了其在国际市场的业务覆盖范围和竞争力。这一战略举措使三一重工在欧洲、北美、南美、亚洲等市场实现了更广泛的布局和更深层次的市场渗透。

四、为了获取全球顶尖人才

企业出海还有一个重要目的，就是获取全球顶尖人才，从而加强自身的国际化人才储备。全球雇佣、吸纳人才，往往能为企业发展带来创新，同时在文化融合过程中企业能获得新的动力。

商务部的数据显示，2020年年末，中国企业的境外企业从业员工总数为361万人，2021年年末为395万人，2022年年末已经超过了410万人；与此同时，企业雇用外方员工人数占比逐年提高，2020年和2021年为60.6%，2022年为60.7%。2021年中国贸易报社中贸国际智库平台与领英中国联合推出的《中国企业海外人才发展白皮书》显示，在采访的100家企业中，已有66%的企业制定了专门的海外人才发展战略，接近30%的企业在国际人才招聘、中高端人才薪酬、人才培训等人力成本方面的投入占比都超过了20%。由此可见，海外人才在中企海外业务中扮演的角色正变得越来越重要。

华为为了满足全球市场需求并提升国际竞争力，不仅在技术研发和市场拓展方面进行了大规模投资，还特别注重引进关键岗位的国际人才。在21世纪初，华为就开始大规模拓展海外市场，最初在欧洲设立了多个分支机构和研发中心。为了更好地了解和服务当地市场，华为积极引进具有国际经验的高级管理人才和技术人才。2009年，华为聘请了来自英国电信的约翰·萨福克（John Suffolk）作为首席网络安全官（CNSO），负责全球网络安全事务。约翰·萨福克在网络安全领域的丰富经验和国际视野，为华为在全球范围内建立可信赖的网络安全形象奠定了坚实基础。华为在美国硅谷、德国慕尼黑、日本东京等地设立了多个研究所，吸引了来自谷歌、国际商业机器公司、微软等企业的顶尖工程师和科学家；华为还在欧洲招聘了大量的当地员工，其中包括销售、市场、法律、合规等关键岗位的人才，以确保企业能够在不同的市场中灵活应对各种挑战。华为通过引进关键岗位的国际人才，不仅在技术和市场上取得了突破，还在企业文化和管理水平上实现了国际化，成为中国企业出海成功的典范。

中芯国际集成电路制造有限公司（简称"中芯国际"）为了促进技术发展和创新，积极从全球领先的半导体企业中吸纳了众多研发领域的专业人才。公司在美国、日本和欧洲等地设立了多个营销办事处，吸引了来自英特尔、台积电、三星等企业的顶尖工程师和科学家。它还引进了具有丰富国际市场经验的高级管理人才，以推动企业的全球市场拓展。例如，聘请了台积电前高管蒋尚义担任独立非执行董事，负责企业在国际市场的业务扩展和技术战略。蒋尚义在半导体行业的丰富经验和技术专长，为中芯国际在全球市场的快速扩展提供了有力支持。为了更好地理解和服务不同市场，中芯国际还注重引进本地化的高级管理人才，在北美、欧洲和亚洲等地区设立了多个区域总部，并从当地市场引进了具有丰富经验的管理团队。这些本地化团队在市场营销、销售和客户服务等方面的本地化策略，显著提升了中芯国际在各个区域市场的竞争力。国际人才的引入，使中芯国际能够更好地理解和适应全球市场的需求和变化，从而在全球范围内取得了显著成就。到2023年，中芯国际在全球半导体制造市场中占据重要地位，国际市场销量约占企业总销量的20%，成为全球知名的半导体制造品牌之一。

五、为了提升品牌影响力

在激烈的国际市场竞争中，海外客户和消费者普遍愿意为国际知名品牌支付溢价，所以品牌形象的塑造和品牌影响力的提升至关重要。中国企业可以通过各种渠道向全世界宣传自己的国际品牌形象，提升品牌知名度和美誉度，如与全球知名行业客户合作，或者在发达国家市场获得消费者的青睐，从而进一步扩大自己的全球市场份额。

海尔在创立之初，业务范围仅涉及家电制造业。2001年，海尔伴随着中国加入WTO而开启了全球化。但与大多数企业不同，海尔认为出海不只为创汇，更重要的是打造自己的品牌。海尔从发达国家开始，逐渐建立起设计、制造、营销"三位一体"的本土化模式。2001年，海尔并购意大利迈尼盖蒂（Meneghetti）公司下属的一家冰箱厂，开启了白电企业海外跨国并购的先河。2011—2019年，海尔完成了4项海外并购，旗下新增原日本三洋品牌的AQUA、新西兰品牌斐雪派克（Fisher & Paykel）、美国第二大白电品牌通用家电（GEA）及意大利家电品牌卡迪（CANDY）四大国际知名品牌，逐步覆盖东南亚地区和大洋洲、美洲、欧洲市场。2023年，海尔位列"中国100大跨国公司"榜单中家电企业之首，跨国指数达32.95%。根据BrandZ的

"全球品牌价值排行榜",海尔已经连续多年名列全球100强。

安踏体育用品集团有限公司（简称"安踏"）成立于1991年，是中国领先的体育用品制造商之一。为了扩大品牌影响力，安踏在2019年以46亿欧元收购了芬兰运动品牌亚玛芬体育（Amer Sports），后者旗下拥有多个国际知名品牌如萨洛蒙（Salomon）、始祖鸟（Arc'teryx）和威尔逊（Wilson）。这次收购使安踏进入了高端国际市场，极大提升了全球品牌知名度。此外，安踏还通过赞助国际体育赛事和签约国际知名运动员来提升品牌形象。例如，安踏成为美国职业篮球联赛（NBA）的官方市场合作伙伴，并签约篮球明星克莱·汤普森（Klay Thompson）作为品牌代言人。通过这些战略性举措，安踏成功在全球范围内建立了强大的品牌影响力。

海信家电集团股份有限公司（简称"海信"）成立于1969年，是一家全球知名的家电和电子产品制造商。为了扩大品牌影响力，海信在2015年收购了夏普在美洲的电视业务，并获得了在该地区使用夏普品牌的权利。这一举措使海信迅速进入北美市场，提升了品牌知名度。2017年，海信以129亿日元收购了东芝电视业务95%的股份，进一步巩固了其在全球电视市场的地位。通过这些收购和全球化战略，海信成功在国际市场树立了强大的品牌形象，成为全球家电行业的重要玩家。

六、为了融资上市

企业全球化发展需要充足的资金作为后盾，企业上市融资是重要的手段。然而中国早期上市成本较高、监管较严，以至于很多企业将目光投向了门槛较低且运作较成熟的海外市场。在全球化的今天，海外融资已经不足为奇，企业可以按照相关要求，自由灵活地选择适合自己发展的海外市场融资策略，成功的案例也比比皆是。运用得当的话，企业甚至可以逆袭。

上海蔚来汽车有限公司（简称"蔚来"）创立于2015年，是一家全球化的智能电动汽车企业。公司美股首次公开募股（IPO）前进行过5轮融资，引入了腾讯、高瓴资本等股东，合计金额超16亿美元。2018年9月，公司登陆纽交所，融资10亿美元。2020年12月1日，蔚来汽车每股报54美元，总市值为734.11亿美元，成为中国市值最高的车企。2022年3月，蔚来在港股上市，继小鹏汽车、北京理想汽车有限公司后，成为第三家美股+H股上市的新势力车企。

阿里巴巴成立于1999年，是一家全球化的电子商务和科技公司。为了拓展全球业务和筹集资金，阿里巴巴通过在海外上市进行融资。2014年9月，阿里巴巴在纽交所IPO，筹集资金高达250亿美元，成为当时全球最大规模的IPO。通过此次IPO，它不仅获得了大量资金支持，还提升了在全球市场的知名度。阿里巴巴利用募资资金加速了国际化进程，包括在东南亚投资电商平台Lazada，并在美国和欧洲等地扩展云计算业务。到2020年，阿里巴巴的市值一度突破8000亿美元，成为全球市值最高的企业之一。

京东集团（简称"京东"）成立于1998年，是中国领先的电子商务公司之一。为了筹集资金支持其国际扩展，京东于2014年5月在美国纳斯达克证券交易所IPO，拟筹集资金约17.8亿美元。IPO前，京东通过多轮融资引入了战略投资者，包括腾讯和老虎基金等。通过此次IPO，京东获得了大量资金用于扩展其物流网络和技术研发。到2020年，京东的市值已经超过1000亿美元，成为全球电子商务领域的重要玩家之一。

谁来出海：出海的人才管理

中国企业全球化，人的因素总是处于第一位——离开了人，一切工作都无从着手。

麦肯锡公司公布的调查表明，88%的企业高管认为缺乏全球化人才是中国企业海外并购难以成功的首要原因。2019年，世界知名的人力资源管理咨询机构怡安翰威特发布的《2019中国企业全球化现状与趋势展望》白皮书显示，大多数被调研的中国企业认为全球化人才不足仍是制约中国企业"走出去"的主要因素；65%的受访企业认为当前企业内部缺乏具备全球化能力和经验的人才；62%的企业认为没有建立全球一体化的人力资源管理体系，无法对当地员工进行完善管理；49%的企业认为缺乏完善的全球薪酬和福利体系；35%的企业认为缺乏完善的外派人员管理体系。无论是在全球化人才的管理体系还是在人才专业技能方面，中资企业人才供需平衡的比例远低于外资企业。

海外的员工管理要比国内复杂得多。企业处于一个不一样的人文环境中，人才组成也是跨国性的，遵循的法律法规与国内差别很大，因此海外员工管理具有很强的特殊性，不能把国内员工管理经验简单复制到海外。要想提升企业海外的员工管理，打造一支高绩效的跨文化团队，就必须了解清楚海外员工的组成。要根据其来源，从"选""用""育""留"等方面落实不同的管理方式。

一、海外员工的组成

随着中国企业全球化的推进,越来越多的企业开始寻求全球化人才来增强它们的竞争力。中资企业随着在海外的业务和投资规模日益扩大,一方面会外派很多员工出海;另一方面也会招聘大量海外当地员工,使跨境劳工流动更加频繁。目前,中国企业在进行跨境用工时通常选择以下两种模式:中方外派和当地招聘。每一种跨境用工模式在企业全球化战略中都发挥着独特的作用,企业对人才的选择和管理方式也将直接决定业务的发展方向。

模式一:中方外派

中方外派是指中国境内企业在国内招聘员工,将其派驻到该企业的境外子公司、分支机构或代表处工作。境内企业与外派员工签订劳动合同,并为其办理符合派驻地法律规定的工作签证和入职手续。在这一用工模式下,境内企业与外派员工建立劳动关系,主要适用中国的劳动法及相关法律法规,但也涉及海外当地的相关法律法规,因外派时长而异。通常来讲,外派不超过3个月,可以申请商务签证,以到当地出差的形式开展商务活动、召开内部会议;但如果外派超过3个月,就需要在当地申请合法的工作许可,签署当地的劳工合同,按照当地法律法规发薪,缴纳当地社保和医疗保险等,假期也应严格遵守当地法律法规。现在,越来越多的中国企业通过境外子公司或第三方中介对员工进行管理,发放工资,规避作为用人单位的合规风险。但无论如何,中方外派的模式主要针对中国籍的员工,其主要工作合同在国内。通常针对发薪方式,中方外派员工会选择继续保持一定比例的人民币,从而保留在国内的社保和公积金等的缴纳。

中方外派员工的三大来源是:国内的骨干员工、社会招聘的有行业经验的员工、应届毕业生和留学生等。其中在国内入职并在企业工作多年的骨干员工是中方外派员工的主力军。他们熟悉企业业务，经验丰富，执行力强，能保持吃苦耐劳的精神，并且对企业有较高的忠诚度。在华为，这类员工被任正非称为能征善战的"野战军"，为华为在海外"攻城略地"立下了汗马功劳。对他们最好的激励方式，当然是高层管理岗位、高额的公司股票和绩效奖金。

当然，这部分外派骨干员工必须时刻响应企业的召唤，到企业最需要的地方去，无论条件多么艰苦；每2~3年就要轮岗，与家人聚少离多。实践证明，外派企业骨干员工的优点很多，他们往往能够"冲锋陷阵"，以一当十。但也存在一些问题，例如到了海外，他们要适应当地管理方式需要很长一段时间，因此很难快速发挥作用；他们往往存在当地语言和文化障碍，且没有社会关系支撑；更严重的是，他们在企业时间较长，对业务熟悉，与企业领导和部门周边人际关系良好，所以就容易犯经验主义的错误，故步自封，不愿意学习当地语言，不愿意融入当地文化，更不愿意换位思考和学习新方法，也就容易简单粗暴地与当地员工沟通。这样一来，跨文化沟通的冲突在所难免，反而会阻碍绩效达成和跨文化团队的融合，也会造成当地员工离职，甚至导致当地劳工纠纷和诉讼。还有些外派员工可能由于家庭等方面的原因，不愿意远离家人，经常回国，精力难免分散。因此，外派骨干员工既可能成为业务推动最大的功臣，也可能成为业务最大的阻碍。这和管理者的个人风格息息相关，需要总部在外派前做好识别，统筹协调。

社招有行业经验的中方员工也是一条捷径。他们要么来自外资企业，熟悉西方企业管理制度；要么来自行业头部的民营企业，行业经验丰富。在总部工作一段时间，对企业业务熟悉后，他们就可以被派到海外，普遍能很快适应海外业务。对他们最好的激励方式是中层管理岗位、较高的公司股票和绩效奖金。不过实践证明，这类员工由于在业界多年，已经适应了外企或其他民企的企业文化，与公司的企业文化和核心价值观磨合时间较短，容易不适应本公司管理模式和人际关系，也容易受到老员工的排挤。这些问题导致这类人才的离职率会比较高，招聘时需要考察其价值观及与团队的融合性。

应届毕业生和留学生的优点是年纪较轻，学习能力强，且普遍单身，向往海外不同国家和地区的生活和工作。所以对其最好的短期激励方式可以是海外不同国家的外派机会、基层管理岗位的提拔、项目奖金等。从长期来看，也要考虑给予更多的公司股票和绩效奖金，以及职业发展通道等，让其没有后顾之忧，愿意与企业一起发展成长。值得一提的是，无论是应届毕业生还是留学生，普遍缺乏实战经验，而海外业务推进节奏普遍较快，这就导致了他们业务上的"失败率"会比较高。遇到困难时，家人和朋友不在身边及时开导，也容易使他们"知难而退"。所以，招聘时对其学习能力和抗压能力的考察是不容忽视的。

模式二：当地招聘

当地招聘是指企业在海外当地市场直接招聘和雇佣当地员工，并依照当地法律法规和用工习惯进行管理。根据《商务部关于加强对外投资合作在外人员分类管理工作的通知》（商合函〔2013〕874号），"对外投资合作企业在开展对外承包工程和对外投资时，应积极推进员工'属地化'，尽可能多雇佣当地员工，为当地创造就业机会，促进可持续发展。"事实上，中国企业要提升全球化竞争力，就一定要充分利用好海外当地员工的优势。他们熟悉当地的语言、文化、政商环境和客户需求，社会资源和关系也非常丰富。中方外派员工再好用，再吃苦耐劳，也无法与当地员工发挥完全相同的作用。海外业务的成功需要中方外派员工和当地员工联合，组成跨文化的高绩效团队，两者优势互补，缺一不可。

当地招聘员工的两大来源是：海外当地员工和专家、海外当地华人和留学生。其中海外当地员工和专家是当地招聘员工的主力军，他们普遍受过良好的高等教育，职业化程度较高，有丰富的行业经验和资源积累，加入中国企业后通常可以担任中基层骨干或普通员工，少数条件非常好的精英甚至能胜任企业高层管理岗位。他们的最大优点是可以协助中国企业快速拓展当地客户，快速组建当地团队，搭建当地平台，与客户形成直接、良好的合作。事实上，海外客户也更愿意和当地的销售、运营团队直接打交道，双方相处可以非常融洽，因为他们很可能是校友或朋友，抑或前同事，至少也是行业里的熟人。而初来乍到的中方销售、产品人员，往往因为语言和文化不通，造成鸡同鸭讲的局面，非常影响双方之间的合作。

在海外直接招聘当地华人或留学生，原因也是不言而喻的。无论是当地华人还是留学生，他们都已经在当地生活、学习、工作多年，和当地员工一样熟练掌握了当地语言并融入了当地文化。华人家庭普遍重视高等教育，也有一定的当地社会资源；更重要的是，他们对中国文化比较了解，容易融入本公司的企业文化，接受企业核心价值观，可谓一举两得；还有一点非常重要，就是海外华人已经拥有了当地合法居留和工作许可，不需要额外申请工作签证。这一优势，有过工作经历的海外留学生同样拥有。而那些刚刚毕业的留学生可能还是学生签证，需要拿到雇佣合同后才能申请工作许可，但相比外派员工的流程还是容易多了。所以，在海外当地直接招聘当地华人和留学生，是解决全球化人才短缺最快的方式。正因此，随着中国企业的全球化进程，海外华人和留学生的就业选择很多。他们与总部团队很快就能融为一体,沟通顺畅,相处融洽,职业通道非常畅通。能够加入来自祖国的企业工作,他们也倍感自豪。

海外各国、各地区的劳动用工政策及文化各不相同,在选择海外员工招聘模式时,企业要做好充分的前期调研,深入了解当地劳动法规和工会规则,以确保合规,规避潜在的法律风险。积极推动员工的本地化管理,不仅有助于企业与当地社区建立良好的关系,也能让企业更好地适应当地市场的文化和法规环境,为企业长远的可持续发展提供有力支持。

海外一把手,到底用中国人,还是用当地人?

海外的一把手,特指那些地区部总裁、国家总经理、全球大客户总裁等海外一线的关键岗位。一把手的个人能力、管理风格和跨文化管理能力,毫无疑问将直接决定跨文化团队的战斗力,也会直接影响海外业务的拓展。那么,到底应该用中方人员,还是用当地员工呢?我在最近几年的出海企业咨询过程中被企业高层反复问到这个问题。事实上,这个问题众说纷纭,没有绝对的答案,两种选择各有利弊。但这个问题非常有代表性又至关重要,企业必须根据自身出海的阶段、业务和团队的情况,做出符合自身战略的选择。

如果用当地员工做一把手,优点是可以快速到岗,快速发挥作用,协助当地团队招聘、搭建平台,有良好的当地语言和文化优势,更有一定的当地社会关系和客户关系资源,很快就能让业务有突破和发展,比较适合海外业务的初期阶段。但是时间长了,当地员工担任一把手的缺点也很明显:他们普遍很难深度融入本公司企业文化,接受企业核心价值观,尤其中国老板普遍提倡天道酬勤,希望团队发扬不怕苦、不怕累的精神,一口气"从东北打到海南岛",最好业绩能年年翻番。而众所周知,很多海外当地员工工作是为了更好地享受生活，这种现象或心态由来已久，不是一朝一夕可以改变的。他们普遍难以承受很大的压力和挑战，尤其无法坚持长期艰苦奋斗，因此很难进一步拓展新的客户关系，也很难创造条件实现有挑战性的业务目标。

如果用中方人员做一把手，其优点是对企业业务有全面了解，早就深度融入了企业文化，与企业内部各部门配合默契、执行力强，可以承受压力和挑战，可以保持长期艰苦奋斗的精神。在海外业务取得一定的进展后，企业往往需要乘胜追击，进一步扩大市场份额和提升盈利。这对于当地的一把手来说就非常具有挑战性了，因为他们经营管理中用到的"打法"，当地竞争对手往往也会，所以他们往往很难进一步赢得一些高端的、难以攻克的客户和业务。但中方人员普遍接受的教育是只要企业下定了决心，制定了相关的战略，自己就要尽力完成，遇到困难要找方法，而不是为结果找理由，也就是我们说的"有条件要上，没有条件创造条件也要上"。他们一定会带领团队集思广益、排除万难，努力进一步拓展新的客户关系，务必实现具有挑战性的业务目标。当地一把手和中方一把手的优缺点见表4-1。

表 4-1 当地一把手与中方一把手的优缺点

	当地一把手	中方一把手
优点	● 快速到岗，快速发挥作用 ● 有良好的当地语言和文化优势 ● 有一定的当地社会关系	● 可以深度融入企业文化 ● 执行力强，可以承受压力和挑战，可以保持长期艰苦奋斗的精神 ● 会努力进一步拓展新的客户关系 ● 会努力创造条件实现具有挑战性的业务目标

（续表）

	当地一把手	中方一把手
缺点	● 很难深度融入企业文化 ● 享受生活，普遍难以承受压力和挑战，无法长期艰苦奋斗 ● 很难进一步拓展新的客户关系 ● 很难创造条件实现有挑战性的业务目标	● 适应海外工作环境需要时间，很难快速发挥作用 ● 有当地的语言和文化障碍 ● 没有当地社会关系支撑

关于到底是用中方员工还是当地员工当一把手，还有一种比较普遍但会有争议的情况，那就是当企业老板或总部高层做出某项重大战略决策时，这些战略决策往往是从企业全局的角度，从竞争的角度，抑或从资本市场的角度出发的。海外一线作为局部，往往很难理解这项决策，它与局部利益也有可能是冲突的。在全球化竞争的时代，这种情况并非偶然或极端，而是经常会发生的。

在这种情况下，如果海外一线担任一把手的是当地员工，他们往往会重复提出自己的反对意见，也不会积极执行决策。而如果担任一把手的是中方员工，他们往往也会提出自己的反对意见，但在企业老板或总部高层的坚持下，即使不认同，他们也会执行。这种情况之所以有争议，是因为企业老板或总部高层有可能是对的，因为他们站得高、看得远，掌握的信息量更大，事后可能会证实他们是高瞻远瞩、深谋远虑的；但也非常有可能他们的决定是在不了解海外客户的实际需求和当地法律法规的情况下做出的，毕竟他们大部分时间在国内，在海外出差只是短期的，不可能对海外一线的情况了如指掌。而总部习惯了发号施令，不愿意接受海外一线的反驳。在这样的情况下，事后会证明一线一把手的意见是对的，总部也只得调整策略。

但无论如何，国内的大部分老板和企业高层，都会更喜欢"指哪打哪"、坚决执行总部决策的海外一线主管。如果总部错了，及时调整即可。全球化的企业都会强调一线和总部的步调要基本保持一致。

这两种模式都有成功的企业案例。天合光能是全球领先的光伏智慧能源整体解决方案提供商，全球化是其长期坚持的战略。天合光能从早期布局全球化时，就采用了由海外当地一把手全面负责区域管理的模式，有些区域的中方员工非常少。事实证明，天合光能的海外当地一把手出色完成了其职责，曾在2014年、2016年等多年保持光伏组件出货量全球第一，尤其在高端市场长期保持着领先地位和强大的品牌影响力。这些担任区域一把手的海外当地员工也经常加班和出差，传承着天合光能奋斗者的企业文化。2022年，天合光能在上海设立国际总部，积极加强全球化人才队伍建设，近年来引进了来自70多个国家和地区的国际化高层次管理和研发人才。

与此相对，华为的海外一把手，从地区部总裁到国家总经理，普遍是由中方外派干部担任的。历经20多年，在海外100多个国家中只有非洲某小国和欧洲的比利时短暂出现过当地员工担任国家总经理的情况。这样的核心岗位一般由中方人员担任，当地员工的职业天花板就是国家销售副代表。例如一位叫罗贝尔多（Roberto）的海外员工在2002年就加入了华为智利子公司，长期担任智利最大的客户群西班牙电信的系统部部长和智利的销售副代表。2011年左右任正非到华为智利子公司访问时，在例行组织的中外方员工座谈中，罗贝尔多当着任正非的面提出："为什么海外当地员工在华为不能担任国家总经理？"任正非直截了当地回答说："就当前的业务快速发展的格局来看，国家代表处是海外一线最重要的作战单元，华为对这个岗位的要求非常高，需要有很强的抗压能力和不断学习的能力。一方面需要及时落地总部和地区部的很多战略，另一方面还要根据市场和竞争的动态及时调整代表处的打法，发挥出高度的主观能动性。"

2022年9月26日，我在智利的圣地亚哥再次见到罗贝尔多，谈及此事，他说他后来越来越能明白为何华为无法让当地员工当该国分部的总经理了，即使不谈工作压力和挑战，这个岗位每天需要接收的各方面信息量确实太大了，不会讲中文本身就已经是一把手最大的软肋了。

二、海外员工的管理

既然人是海外经营中最重要的因素，那么海外员工管理也理所当然是重中之重。如果直接套用国内人力资源的管理方式，会面临以下问题：无法满足各国多样化的人员招聘需求；无法在出国前对外派员工做相关培训；外派后，缺乏对外派人员的管理制度；需要调和中方员工与当地员工之间的矛盾，也需要调和管理层与企业工会之间的矛盾；等等。中国企业在全球化过程中一定要不断引入和学习国际化的人力资源管理制度，以管理好全球化、多元化的员工团队，让跨国别、跨文化的员工尽快融入本公司的企业文化，适应本公司的核心价值观，保持长期与企业共同发展。

海外员工管理要遵循统一规划、分类管理的原则

统一规划是指企业要对中方外派员工和当地招聘员工一视同仁，根据每年企业的战略和具体任务，统一规划年度招聘的人头预算，统一招聘和入职，统一入职培训，统一考核制度，统一奖惩制度，统一职业晋升通道等。中外员工要相互尊重，确保机构在合法的框架下内外联动，一体化运转，成为一个有机的整体。

分类管理一方面指要研究各国不同的劳动法，按照国别分类，根据社会制度、宗教信仰或文化传统制定不同的市场或区域管理办法。不同国别的员工必须按当地劳动法签订劳动合同，服从当地劳动法规定的工作时间与工作安排。另一方面，针对中方外派员工和当地招聘员工两种不同来源，在企业统一规划的管理制度下做适当的分类管理。毕竟中方外派员工远离家乡和亲人，在海外常驻，可以享受海外当地宿舍和伙食补贴，以及每年回国休假、家人探亲等方面的补贴；而当地招聘的员工就在自己的国家、在家人身边工作，不享受这些补贴，但是可享受一些中方外派员工无法享受的当地福利。例如，华为会为海外超过50人的代表处建食堂，食堂每天免费向中方外派员工和家属开放；中方外派员工每年可以报销3趟往返中国探亲的机票；与此同时，当地员工也享受一些当地的特殊福利，例如当地的餐券补贴、交通补贴、圣诞福利等。

选：制定标准，找同路人

在选人阶段，要根据海外岗位的需求进行有针对性的招聘，尽量详细地做好岗位和职责描述，并明确给出对人员素质的要求。对于当地招聘的员工，在匹配专业技能和岗位要求的同时，一定要兼顾其与企业文化和核心价值观的一致性，也就是找"同路人"。这一点非常关键，否则很容易在投入很多培训资源后，发现双方貌合神离，只得一拍两散。这既是对企业资源的浪费，也容易造成商业机会的流失。在海外当地招聘的同时，也可以考虑中方外派。对于中方外派员工，其本人的意愿非常关键。如果不愿意在海外常驻和发展，而只是为了应付一下企业的外派政策，或者只想去海外看看、镀一下金，这样的人往往会在海外任期结束前就申请调回总部，这也会对后续外派人员起到反面示范作用。所以要尽量做到需求与意愿匹配，以使外派员工到海外后能够充分发挥优势，人力资源部也能够制定切实可行的培养计划与职业发展路径，确保"派得出，干得久，提拔快"，让这些员工成为企业海外业务发展的"同路人"。

用：实战中考验人才，成功中选拔干部

企业在用人过程中一定要制定清晰的岗位职责和工作目标，让员工充分了解自己的工作对企业战略的贡献。要及时对员工的工作绩效给予反馈，提出改进意见，让员工在实战和业务拓展这样的关键事件中得到锻炼。绩效考核与评估一定要有凭有据，通常建议以客户为中心，以结果为导向，确保员工能够在业务成功中不断得到选拔，走上管理岗位，成为一名海外一线干部。

育：长期主义，理论联系实际

海外员工培养是个长期的过程，企业需要在员工入职时就统一安排新员工入职培训，介绍企业的发展情况、企业文化与核心价值观、产品知识和内部流程等。在工作过程中，要不断培训海外员工了解企业最新产品的动态与性能。实践证明，对高层管理者要加强跨文化管理和领导力的培训，对中基层管理者要加强业务能力和语言能力的培养，对普通员工则要加强专业技能与语言的培训。海外员工要想获得任职资格，不光要进行理论学习和答辩，还要在项目中"训战结合"，这样才能不断走向成功。华为的一线基础干部培训就是先通过网课学习，再集中进行沙盘演练，然后项目实践3个月，最后进行答辩认证。岗位职级19级以上的管理者还要参加号称业内"黄埔军校"的华为大学高管研讨班学习，在3年时间内完成人力资源、财务和业务3个模块的学习，理论联系实际，"训战结合"。高研班一般由华为高层领导亲自开课，任正非也经常到现场与海外一线的干部交流与研讨。

留：物质激励与精神激励并驾齐驱

无论是中方员工还是当地员工，物质激励都是非常重要的，除了每月固定的薪酬，还要有年度绩效奖金，也要结合长期激励，例如公司股票等。除此以外，精神激励是非常容易被忽视的。海外当地员工普遍重视个人贡献，希望得到企业对他们的重视和认可。所以每年评选年度优秀员工、优秀团队、未来之星等是非常有作用的，还可以邀请员工家属、男女朋友参加颁奖仪式或者庆祝晚宴。这能让当地员工感到无比自豪，促使他们充分融入企业的发展。相对而言，中方员工普遍看重实际的物质激励，但对于"90后""00后"这样的职业新人，精神激励也越来越重要了。

何时出海：出海的时机选择

在出海这件事情上，企业永远都没有最好或最坏的时间节点，因为全球化是企业发展到一定阶段、积累到一定程度后的终极目标，也是大势所趋。不同的企业需要先找到合适自己的模式，在销售、渠道、产品、服务、人才、品牌、合规、财务、供应链等各领域进行体系化的能力搭建和准备。这个过程非常漫长，准备充分后快速破局才是关键。值得强调的是，没有一家企业是把全球化的所有准备工作都做好了再出海的，完全不经历风雨，是不可能取得全球化的成功的。

企业出海的时机，大致有以下三个：

大部分企业是自身发展和积累到了一定的阶段，出海成了大势所趋，水到渠成。例如，有些在国内已经进入行业第一梯队的企业，它们的产品质量得到了国内客户的认可，有较好的口碑，也拥有自主知识产权和研发团队，拥有一定的出海资金储备，更重要的是引进了成熟的国际化企业管理制度，也同样拥有了一批具有跨国管理能力的国际化人才。如果企业初步具备以上条件，并且认为只有开拓海外市场才会有更广阔的发展空间和更好的发展前景，那就应该义无反顾地主动拥抱全球化，马上开始调研国际市场、制定全球化战略、寻找海外合作伙伴等一系列准备工作，以更好的姿态迎接全球化的挑战。

第二种情况是形势所迫，主要指的是企业在国内市场面临巨大的挑战和风险。企业可能会面临市场饱和、政策变化、竞争加剧等问题，不得不拓展海外市场来寻找新的发展机会，也就是"走出去是为了活下去"。这种情况最典型的一个案例就是华为。20世纪80年代，华为在国内市场发展初期面临着国内通信设备市场"七国八制"（通信设备市场被西门子、爱立信、摩托罗拉、诺基亚等来自七个国家的八大国际巨头瓜分）的局面，竞争惨烈。与此同时，国际市场对高端通信设备的需求增长迅速，而且国外市场规模更大、发展空间更广阔。因此，一无技术、二无资金的任正非很快就有了这样的洞察：华为只能通过"走出去"进军国际市场，寻求新的增长点，才能活下去。

还有一种情况是被大客户所迫。这种情况指的是大客户要在海外建立生产基地或拓展业务，上下游企业因此一起出海，也就是"要么跟着出海，要么出局"。前文提到的模塑科技就是这种情况的典型案例。宝马是模塑科技的全球大客户，模塑科技从2006年就开始和宝马战略合作，是其全球一级供应商。2015年，宝马突然要求模塑科技在其美国和墨西哥工厂附近建厂，就近供货，要么成为宝马X5车型的保险杠全球供应商，要么出局。董事长曹克波为此曾辗转反侧，董事会内部也形成了众多不同意见。最后，曹克波力排众议，决定主动拥抱全球化，以使企业能够更上一层楼。于是从2016年开始，模塑科技总投资共计5亿美元左右，在美国和墨西哥分别建厂。

无论是大势所趋，还是形势所迫，全球化对于中国企业而言，都是千载难逢的机遇。在已经明确出海方向的情况下，具体出海的时机还要综合考虑以下因素：一类是外部因素，主要包括国际市场需求、国际政治经济环境等；另一类是内部因素，包括企业自身的能力、品牌影响力等。

外部因素

1. 国际市场需求：目标市场对企业产品和服务的需求是否强烈。同时，这种需求在国际市场上还要有持续增长的空间，才能为企业提供更广阔的发展空间。企业也可以通过不断创新和提升产品质量,进一步满足国际市场需求。

2. 国际政治经济环境:相对稳定的国际政治环境、相对友好的国际贸易政策,才能为企业在国际市场开展业务提供良好的保障,企业也才能顺利地拓展国际市场。

3. 国际合作伙伴:国际合作伙伴的作用是至关重要的。好的本地化合作伙伴,包括当地经销商、供应商、咨询公司等,将弥补企业对当地商业环境不了解的短板,加速企业融入当地市场。

内部因素

1. 优质的产品或服务:企业有国际竞争力的产品或服务,是满足国际用户的关键,也是全球化的首要因素。企业必须确保其产品在性能、质量和创新方面都处于行业领先地位,同时还要注重用户体验,不断改进产品设计和功能。在服务方面,要建立完善的售后服务体系,提供全天候的技术支持和维修服务,确保用户在使用过程中能够得到及时的帮助。此外,企业还要积极开展培训和知识分享活动,帮助用户更好地使用产品。

2. 强大的技术与创新能力:企业的技术与创新能力也是全球化的重要因素。企业只有拥有行业领先的技术,才能满足不断变化的市场需求,保持竞争力。

3. 国际化人才:企业需要拥有一支专业化、多语言、跨文化的国际化人才队伍,以有效开拓海外市场。这需要通过外部招聘和内部培养两条路径来实现。

4. 良好的品牌:一个良好的品牌形象意味着消费者对企业产品或服务的信任和认可,能为企业赢得更多的国际市场份额。如果企业在国内市场拥有良好的品牌声誉和知名度，就可以为拓展海外市场打下坚实的基础。

5. 雄厚的财力：企业在国内市场取得成功，有了一定的规模和资金储备，才具备向国际市场组织一波又一波"进攻"的实力。全球化之战，也是企业资源的消耗战，所以雄厚的财务实力是必不可少的。

6. 风险管理能力：合规管理是全球化的重中之重，企业需要具备风险意识和风险应对能力，能够及时应对国际市场的变化和挑战，保障企业在海外市场的稳健发展。

去哪里出海：出海的目的地选择

关于出海到底去哪里，其实没有标准答案，各家企业可以根据潜在的市场空间、自身优势、客户积累、竞争对手已经取得商业成功的区域等因素，选择出海的国家或地区。

企业在出海目的地的选择上一定要慎之又慎，为什么这么说？全球化时间较长的中国企业已经给出了部分答案。例如，巴西和印度这两个国家的市场空间巨大，吸引了各行各业的中国企业前赴后继地前往，但同时，它们也是中国企业全球化过程中普遍容易折戟的两个大国。例如前文已提到，华为在巴西20年才使利润转正，小米则有近50亿元人民币的资金在印度被扣。因此，企业在出海时一定要关注前人在当地的动态，以免重蹈先行企业的覆辙。除此之外，企业在出海前期一定要充分调研，避免选择那些对中国企业不友好、常年战乱、政治不稳定、汇率波动大又有外汇管制、疾病肆虐的国家。例如在阿根廷，华为在当地的业务每年都会收到大量当地货币，但通货膨胀等问题导致汇兑损失严重，且由于外汇管制无法将这些货币换成美元转回国内，于是只能购买当地的牛肉和红酒运回国内销售。幸好华为大部分员工有海外经历，普遍喜欢阿根廷牛肉和红酒，企业能够内部消化。但其他企业该怎么办？所以，开展海外业务一定要谨慎。

出海目的地一般可以分为发达国家和新兴国家。发达国家指美国、日本、韩国、加拿大、澳大利亚、新西兰和西欧一些国家。这些国家人均GDP在2万美元以上，基础设施较为完善，法律法规比较健全，国民消费能力较强，但客户要求也普遍较高。新兴国家包括印度、俄罗斯及东南亚、中东、拉美等区域的国家，其产业基础较弱，政策与法规多变，但经济增长迅速，竞争相对较小，发展机遇与空间较大。

基于中国企业全球化的以往经验，一般建议采用"农村包围城市"的模式，也就是先易后难。华为作为全球化的标杆企业，1997年左右先拓展"家门口"的中国香港，以及与中国外交关系较好的俄罗斯和东欧国家；在亚非拉等第三世界国家形成一定的销售基础，积累了一些国际化销售和服务经验后，2005年左右，华为才向全球最高端的欧洲市场吹响冲锋号。我参与了早年欧洲市场的拓展与运营，当时华为把总部各个领域的精兵强将都派往了欧洲市场，欧洲也一度成为华为高层干部的"摇篮"。英国电信、沃达丰、西班牙电信、法国电信、德国电信等通信公司的总部都在欧洲，且在全球有几十个子网。当这些全球大客户相继被攻克后，华为一下子打开了这些客户在全球的各大子网，从而很快于2012年在B2B（商对商）无线通信领域超越爱立信，成为世界第一。

所以说先易后难，摸着石头过河，循序渐进，是一种非常务实、稳健的区域选择策略。大部分中国企业在走向全球化的过程中，无论是产品质量、售后服务还是国际化人才储备都是不足的，如果直接拓展欧美这样的发达国家市场，很可能会损兵折将，严重打击士气，也可能由于准备不充分，出现产品质量和交付问题，以及合规问题，造成罚款。

值得一提的是，也有部分企业全球化的策略反其道而行之。例如日本的索尼就是先突破相对更成熟的美国市场，再占领欧洲和亚非拉国家市场。中国也有一家高科技企业采用了相同的策略，那就是深圳市大疆创新科技有限公司（简称"大疆"）。与一般中国品牌不同的是，大疆的出海实施了从发达国家到新兴国家、从国外到国内的路径。在欧美地区占据了大量无人机市场份额后，大疆才开始进入新兴国家市场，回归中国本土市场。全国工商联发布的"2023中国民营企业500强"榜单显示，2022年大疆的营业收入约为301.4亿元。其他资料显示，2022年其海外营业收入占比高达80%，其中40%来自北美市场。

领英中国和波士顿咨询公司发布的《中国企业国际化发展白皮书》显示，中国企业在选择出海目的地时，会重点考虑以下因素作为筛选标准，分别是：

1. 当地市场的宏观经济情况（57%）
2. 中资企业在当地的营商环境（52%）
3. 当地市场的绝对大小（43%）
4. 当地市场的直接经济回报/能力提升（30%）
5. 企业对当地市场的了解程度（28%）
6. 当地市场的竞争激烈程度（28%）
7. 企业在当地市场的独特优势（27%）
8. 当地市场的人才可得性（24%）
9. 所需投入当地市场的资金与成本（19%）

这些因素都非常重要。当地市场的宏观经济情况和市场绝对大小，对企业当地业务的发展空间、营商环境和竞争激烈程度有较大影响，甚至能直接决定业务开展的难易程度；能否获得合理回报也非常重要；当地市场的独特优势、人才获取难度、所需投入资金等因素，是企业成功不可或缺的因素，决定了企业业务能否顺利开展。

白皮书还显示，中国企业出海的主要目的地排序依次是：东南亚

（67%）、欧洲（62%）、北美洲（54%）、港澳台（42%）、南美洲（35%）、东北亚（32%）、大洋洲（29%）、中东（28%）、非洲（24%）（见图4-1）。不难看出，东南亚与中国一衣带水，其地理位置和与中国相近的文化习俗，使得业务拓展的挑战相对较小，是中国企业出海的首选之地。欧洲和北美洲是成熟市场，中国企业在经历初步探索阶段后，产品、技术、供应链等能力得到长足发展，加上2008年金融危机后欧美资产价格走低，促使在这个时间段内中国企业加大力度向欧美发达国家布局与拓展。更重要的是，中国企业想要提升全球化的品牌知名度，欧美发达国家市场的认可是必不可少的。不过随着2018年中美贸易摩擦和2022年俄乌战争爆发，西方国家"去中国化"的声音甚嚣尘上，导致中国企业对欧美的投资热度有所下降，而文化相近、营商环境更友善的亚洲市场重新升温，再次成为中国企业出海的首选，中国企业大有重返亚洲之势。

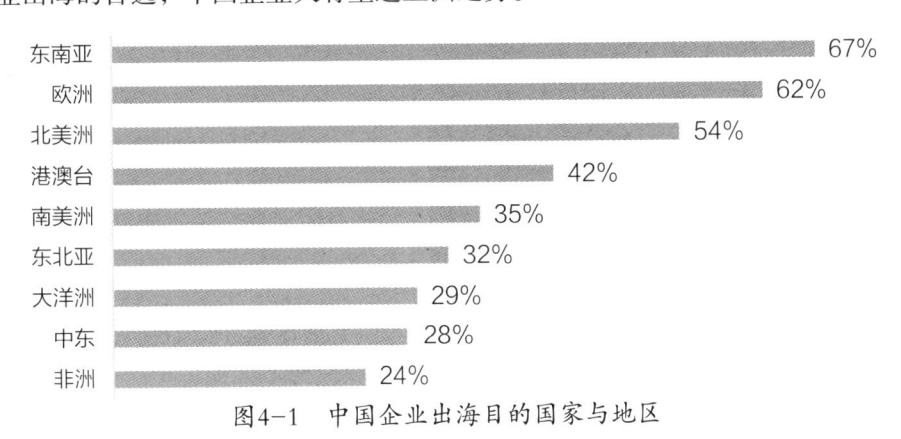

图4-1 中国企业出海目的国家与地区

资料来源：领英中国、波士顿咨询公司：中国企业国际化发展白皮书[EB/OL].（2022-11-29）[2024-12-20].https://business.linkedin.com/content/dam/me/about/china/whitepaperongoingglobal.pdf.

中国企业出海的热门区域，无论是东南亚、欧洲、北美洲，还是南美洲、中东、非洲，不同区域都表现出不同的特点。我们需要重点关注的是人口、政治、经济、行业趋势等因素。

东南亚： 2023年东南亚地区人口近7亿，平均年龄不到29岁，60%是35岁以下的年轻人。这些年轻人具有较高的消费能力和创新能力，是推动经济增长和社会进步的重要力量。这里与中国邻近，是世界上华人华侨最集中的地区，占全球的七成，社会环境、消费习惯与中国趋同。东南亚地区GDP增长保持在4%以上，通胀下降至3%。2023年，越南、印度尼西亚人均月收入分别为348美元、406美元，低廉的人工成本吸引大量中国制造企业到东南亚建厂。预计到2030年，中产阶级将占东南亚总人口的67%，形成一个庞大的消费市场。"一带一路"进一步推进了当地基础设施建设、能源、电子商务和金融服务等合作领域的发展。随着2020年《区域全面经济伙伴关系协定》（RECP）顺利签订，加上拥有稳定的政治环境和优越的地理位置，新加坡也成为越来越多的中国企业总部搬迁到东南亚的首选国家。

出征东南亚似乎成为近几年中国企业出海的新趋势。然而对于这个地区，也有几点需要特别注意。首先，东南亚地区市场竞争非常激烈，尤其日韩企业对这个市场也虎视眈眈。其次，地缘政治因素导致菲律宾在2023年增加了4个美军基地，意图进一步加剧南海争端。印度对中国企业也是频下黑手，"不讲武德"，这些都可能对中国企业的商业活动产生影响。

欧洲： 人口7亿多，政治与经济长期稳定，市场高度发达，为中国企业全球化提供了坚实的合作基础。从居民收入水平看，北欧和西欧的人均GDP普遍在4万美元以上，尤其是在高科技产值占GDP 40%的爱尔兰，人均GDP达到了10.3万美元。人口素质方面，到2021年欧盟约有22个地区至少有55%的25~34岁的年轻人接受了高等教育。以德国为首的众多欧洲国家与中国在技术创新和品牌建设领域的合作潜力巨大，中国企业通过收购或与欧洲企业合作，进入欧洲高端制造业和服务业市场。

不过，欧洲监管环境复杂，对外国投资审查日益严格，这对中国企业在该区域的并购活动构成挑战。针对欧洲严格的监管标准和竞争格局，中国企业需要深思熟虑市场拓展和本地化运营策略，尤其是合规风险不容忽视。

北美洲： 人口5亿多，市场巨大，是全球的科技创新中心。根据国际货币基金组织的报告，2023年北美地区GDP为31.77万亿美元，其中美国27.72万亿美元，加拿大2.14万亿美元，墨西哥1.79万亿美元。美国作为北美洲经济最发达的国家，其经济总量约占北美地区的85%以上，仍然是中国企业最有利可图的市场之一，但也是最具挑战性的市场之一，原因是高度竞争、监管审查复杂，以及当前可能影响贸易关系的地缘政治局势紧张。中美贸易摩擦和技术战给企业带来不确定性，美国对某些高科技领域的投资限制，对中国企业构成直接挑战。华为的孟晚舟事件也让中国和加拿大的合作一度蒙上阴影。但是值得关注的是，墨西哥却在中美贸易摩擦后，吸引了越来越多的中国企业去建厂。

南美洲： 人口4亿多。在经济规模上，2023年南美洲的GDP约为4.17万亿美元，占全球GDP的3.9%，居世界各大洲经济规模第四位。南美市场显示出巨大的增长潜力，该地区的数字和物流部门正在接受全球和当地企业的大量投资，这表明进一步扩张的环境已经成熟。此外，南美的年轻人口数量和不断上升的互联网渗透率，为在线零售和数字服务提供了广泛的受众。

中国企业在南美的能源、采矿、农业和基础设施项目中有广泛参与，例如智利的铜矿、锂矿、车厘子和三文鱼大量出口中国，中国的汽车在智利也广受好评。中国是智利第一大贸易伙伴。智利是中国在拉美的第三大贸易伙伴，是首个与中国建交的南美国家，也是第一个与中国签署自由贸易协定的拉美国家。智利的农矿产品与中国的市场需求充分对接，双方深化贸易合作具备良好的政治基础和天然的互补优势。

南美的物流障碍和市场分割是中国企业的主要挑战。南美各国在法规、消费者行为和基础设施方面具有多样性，要求出海企业为每个市场量身定制战略。此外，南美地缘政治复杂，经济波动和汇损普遍较大，需求侧风险也很高。

中东地区： 中东地区泛指西亚、北非地区，包含20多个国家和地区，其中尤以沙特阿拉伯、阿联酋、卡塔尔、科威特、阿曼、巴林组成的"海湾六国"最具出海潜力。中东地区人口总数近3亿，其中主要人口集中在15~64岁的年龄阶段，人口整体呈现年轻化态势，30岁以下的人口占比为60%~80%。国际货币基金组织的报告显示，中东地区经济保持增长态势，在全球经济增长面临诸多不确定性因素时，展现出较大韧性和潜力。

中东地区的战略性地理位置、丰富的自然资源和亟待建设的基础设施，给中国企业提供了巨大的机遇。能源合作是主要机遇点。除了传统的石油和天然气合作，新能源、基础设施建设和技术交流也在增加。但中东的地区冲突和政治不稳定，可能影响项目执行和企业安全，同时文化、宗教多样性和持续的地缘政治复杂性，需要企业谨慎采取尊重当地市场的策略。

非洲： 2023年非洲总人口14亿多，已超过中国。非洲是全球人口增长率最高的地方。联合国贸易和发展会议的报告指出，非洲人口年轻且不断增长，预计到2050年将达到约25亿。他们正积极拥抱新技术，吸引更多企业到非洲拓展市场。据中国商务部2024年发布的数据，中国已连续15年保持非洲第一大贸易伙伴国地位；2023年，中非贸易额达2821亿美元，同比增长

1.5%。中非贸易结构持续优化，自非进口农产品成为贸易增长亮点。随着全球对非洲碳氢化合物、矿产品和农产品的需求持续上升，非洲资源密集型经济体和大宗商品出口国将成为推动这一扩张趋势的主要动力。非洲数字经济发展潜力大，有望培育出新的经济增长点，因此继续位列外国直接投资全球热土之列。

然而，非洲经济增长仍被一些顽疾困扰，包括可持续发展动力不足、基础设施落后、农业生产效率不高、气候变化冲击大、粮食不安全风险凸显、消除饥饿和贫困举步维艰、腐败和犯罪高发，以及地区冲突频发、地缘政治紧张等，中方企业在投资过程中一定要谨慎。

在所有这些区域和国家，中国企业都在通过了解当地客户和消费者偏好、建立当地合作伙伴关系、学习当地法律法规来适应当地市场，在不同地区取得了不同程度的成功，当然也面临着不同程度的挑战。随着全球市场的动态发展，在全球扩张的中国企业必须根据每个地区的特点调整战略，抓住新的机遇并减少潜在风险，在全球雄心与当地见解和合规性之间取得平衡。接下来，我就结合亲身经历，给大家具体分析东南亚的印度尼西亚、北美的墨西哥及中东的沙特阿拉伯这3个中国企业出海的热门国家。

东南亚的印度尼西亚

印度尼西亚是一个资源丰富的国家，国土面积约191万平方公里，海域约316万平方公里，东西跨度5000多公里。印度尼西亚的主要经济活动集中在爪哇岛、苏门答腊岛、加里曼丹岛、苏拉威西岛4个大岛上。

印度尼西亚拥有很大的发展潜力，也是东南亚综合实力最强的国家。东南亚的人口优势、位置优势、发展优势在印度尼西亚都得到了集中体现。它在东盟国家中的地位类似德国在欧盟中的地位。2024年，印度尼西亚人口近3亿，位居世界第四，人口平均年龄约29.8岁，人口红利非常明显。

过去的10年是印度尼西亚突飞猛进的10年，经济年均增长率达到了5%。2023年，印度尼西亚人均GDP是4920美元，GDP总量位居东南亚第一位，世界排行第16，是东盟最大的经济体。在新冠疫情期间，印度尼西亚的经济也保持了很高的稳定性，印度尼西亚盾是为数不多在疫情和美元加息双重压力下保持坚挺的货币。

中国的五菱、奇瑞和比亚迪等车企已奔赴印度尼西亚建厂，青山、德龙、华友等也投资了数千亿元人民币，建立三元锂电池前驱体原材料生产基地。2022年，中国是印度尼西亚第一大贸易伙伴，更以82亿美元成为印度尼西亚第二大投资来源国。印度尼西亚驻上海总领事馆总领事表示，中国对印度尼西亚的投资每年增幅达到17%以上。2024年3月20日，普拉博沃·苏比延多（Prabowo Subianto）当选印度尼西亚总统，当选不久后就打破惯例直接访华，显示出中国在印度尼西亚的外交关系中的特殊性和重要性。

2017年10月20日，我参加了ATM Capital创始合伙人屈田组织的第一届中国互联网投资界的东南亚考察团，考察团中包括美团联合创始人郭万怀、易达资本管理合伙人李晋吉、欢聚时代联合创始人李学凌、搜狗原CEO王小川和聚美优品CEO陈欧等。当时，屈田信心百倍地告诉我，中国的互联网投资高潮已经过去，他非常想抓住时代的机遇，把中国互联网投资的成功经验复制到东南亚，做点让人振奋的事情。屈田坚信，印度尼西亚绝对是全球下一个投资风口，所以义无反顾地把家搬到了印度尼西亚的雅加达，开启了在东南亚的投资。

2023年6月1日，我再次在全球化峰会上遇到屈田，此时的ATM Capital已经在印度尼西亚投资了多个头部项目，投资组合中包含印度尼西亚的头部咖啡连锁品牌TOMORO、头部母婴品牌等。除了投资当地企业，ATM Capital还成功帮助多家中国企业落地东南亚，它也成为东南亚市场早期电商历史性机遇的最大受益者之一，而它最成功的投资案例无疑是极兔速递环球有限公司（简称"极兔速递"）。

极兔速递创立于2015年，创始人是OPPO原印度尼西亚业务负责人李杰。他在看到印度尼西亚电商市场的巨大空间后，就开始准备物流方面的基础设施建设。印度尼西亚快递公司JNE Express长期占据着当地70%的市场，主要从事B2B业务，对电商并不重视。于是极兔速递充分借鉴在中国的经验，在印度尼西亚提供定制物流服务，提供数字化系统和24小时快速响应服务，并于2017年开始进入其他东南亚国家。2020年，极兔速递在东南亚已经获得了绝对竞争优势，下一步的目标是依托自身极强的本地化能力，打造全球快递龙头企业。2023年10月27日，极兔速递正式在港交所挂牌上市，成为当年最大的IPO，总市值超千亿港元，刷新了快递企业从创立到上市的最快速度纪录。极兔速递也走出了完全不同于国内快递企业的道路，从印度尼西亚起家，拓展到东南亚其他国家，再进入中国市场，然后进入沙特阿拉伯、阿联酋、墨西哥、巴西、埃及等市场。极兔速递的快速成长，让人们惊讶于东南亚这个新兴市场的崛起速度。在国内创业者和投资人眼中，东南亚已经成为最近几年出海的首选热土。从互联网到消费品牌，再到新能源汽车产业，一波又一波创业者"下南洋"寻找机会。

北美的墨西哥

墨西哥在地理位置上属于北美，但其官方语言西班牙语属于拉丁语族，所以从语系的角度来说，它又属于拉丁美洲。2023年，墨西哥人口数为1亿多，是全球第十大人口国，平均年龄29岁。墨西哥劳动力资源充足，人口结构年轻化，劳动力成本是美国的1/2左右。墨西哥国立自治大学是墨西哥规模最大的公立大学，提供从学士学位到博士学位的上百种课程。墨西哥发达的教育体系和完备的职业培训系统能够提供高素质的人才，他们能够适应市场开放。

墨西哥长期与美国、加拿大有自由贸易协定，对其最有名的一句概括就是"离上帝太远，离美国太近"。2001年，墨西哥才与中国签署双边协定，是我国加入WTO的道路上最后一个谈判的国家。2022年2月14日，国家主席习近平同墨西哥总统洛佩斯（López）就中墨建交50周年互致贺电。习近平指出："中墨都是具有悠久文明历史的国家，两国人民友好交往源远流长……中墨友谊之树已枝繁叶茂、硕果累累，为两国人民带来实实在在利益。"

美国商务部数据显示，2023年，美国从墨西哥进口金额达到4750亿美元，而从中国进口金额为4270亿美元。从墨西哥进口金额同比增长5%，从中国进口金额同比下降20%。2023年，美国与墨西哥的商品和服务贸易逆差为1520亿美元。

据墨西哥政府数据，在疫情管控措施全面放开后，墨西哥经济保持较快增长势头，除去价格因素后，2023年实际GDP同比增长3.2%，增幅较上年回落0.5个百分点。但依靠汇率的强劲升值，人均名义GDP创下历史新高。据联合国贸易和发展会议通报，到2022年墨西哥在全球外国直接投资主要接受国中仍排在第十一位，投资额为350亿美元，年增长率为12%。2023年，墨西哥接收外国直接投资总额为360.58亿美元，同比增长27%，其中美国作为墨西哥主要投资国，占总额的38%，西班牙与加拿大分别位居第二和第三，但来自中国的直接投资不到0.5%。

1999年我第一次去墨西哥，2001年我又到墨西哥国立自治大学学习西班牙语，自此和墨西哥结下不解之缘。2013—2017年，我担任华为智利的销售主管，长期往返于中国和拉美两地，深深体会到中国企业在拉美仍然有着巨大的业务拓展空间。

拉美地区距离中国非常遥远，以前到巴西、阿根廷、智利、哥伦比亚等国没有直飞航班。2024年5月，中国南方航空开启深圳到墨西哥城的直飞航线，是中国最长直飞的国际客运航线。无论是东南亚、中东还是较远的欧美国家，从中国基本上乘坐单程12小时以内的国际航班就能到，但到拉美国家普遍需要两程国际航班。相比地理上的遥远，认知上的遥远更可怕。大家对拉美的普遍印象是危险、毒品泛滥等，这些都让中国企业望而却步。但巨大的认知差也意味着拉美地区存在巨大的商机。还有一个普遍误区就是，大家往往把西班牙语当成小语种，华为的招聘广告也总是写着"招聘小语种（西班牙语）人才"。人们喜欢把德语、日语等作为第二外语，事实上，西班牙语是世界第三大语言，全球使用西班牙语的人口约为5亿，主要分布在西班牙、拉美地区巴西以外的大部分国家，以及美国。如果严格按照第一语言使用者数量排名，约有4亿人将其作为母语使用，是世界第二大语言，仅次于汉语。

2019年8月8日，墨西哥前总统卡尔德龙（Calderón）来北京参加品牌节活动。我和他在拉美工作时就认识，卡尔德龙总统特别对我强调说："中美贸易摩擦下，中国企业到墨西哥投资正当时，因为墨西哥距离美国很近，也是整个拉美的门户，在墨西哥生产的产品能免税销往美国，也可以快速进入拉美市场。"

2023年，汽车产业出海墨西哥受到广泛关注。现在提到出海拉美，大部分人的第一反应一定是墨西哥。实际上，中国企业进军墨西哥并非最近才开始的，这种热潮已经持续了一段时间。墨西哥正逐渐崛起为全球汽车产业链的重要投资目的地。墨西哥国家统计局（INEGI）的报告显示，2023年墨西哥新轻型车销量超136万辆，较2022年增长24.4%，创5年历史新高，此前最高纪录为2016年的160万辆。众多企业纷纷在科阿韦拉州、墨西哥州、新莱昂州、瓜纳华托州等地投资建厂，此举既提升了这些企业在全球市场的竞争力，同时也为墨西哥的经济发展注入了新的活力。

2023年10月16日，我在北京参加了墨西哥新莱昂州的招商引资研讨会，在会议上与新莱昂州州长萨缪尔·加西亚（Samuel Garcial）及墨西哥驻华大使施雅德（Seade）就中资企业到墨西哥投资所关心的投资优惠政策、公司注册、电力及水力短缺等问题进行了沟通探讨。萨缪尔·加西亚表示，新莱昂州政府正在积极解决相关问题，非常欢迎中国企业去投资。墨西哥的十大投资优势是：

1. 区位优势明显：地处北美，北邻美国，南接拉美国家。

2. 中墨两国外交与经贸关系稳定：中国已成为墨西哥第二大贸易伙伴和第三大出口目的地。

3. 基础设施相对完善：墨西哥的海、陆、空、电力、通信等各方面基础设施在拉美国家中是相对完善的。

4. 劳动力资源丰富且成本低廉：墨西哥拥有1.3亿人口（2023年），劳动力资源充足，年轻化的人口结构为其充足且低成本的劳动力供应提供了保证。

5. 资源丰富、成本低廉：墨西哥自然资源十分丰富，拥有石油、天然气和煤等资源，金和银等贵金属，铅、铜、锑、钨、锡、铋、汞等有色金属，以及铀、镭、钍等稀有金属，多种矿产品储量和产量居世界前列。

6. 产业集群数量攀升：墨西哥是全球第六大汽车生产基地，第四大轻型汽车出口国和第五大重型汽车生产基地。

7. 自贸协定数量居世界榜首：墨西哥是发展中国家中最早与世界两个最大贸易集团（北美自由贸易区和欧盟）签订自由贸易协定的国家，已与全球52个国家签署自由贸易协定。

8. 营商环境便利：根据世界银行发布的《2018年营商环境报告》，墨西哥在全球190个经济体中的营商便利度排名第49位，远高于第125位的巴西和第117位的阿根廷。

9. 可直接入驻中资工业园，例如前文提到的北美华富山工业园，它是由中国华立集团、富通集团联合墨西哥桑托斯家族合作开发的第一家中资工业园区。

10. 已有众多中资企业在墨西哥获得商业成功：当前在墨西哥投资的中企有上千家，华为、小米、海信、TCL、三一集团、德昌电机、富岭科技、北汽集团、三花智控、海天集团等知名企业均已在墨西哥建厂。

2023年11月29日，我拜访了墨西哥首富卡洛斯·斯利姆·埃卢（Carlos Slim Helú）的长子卡洛斯·斯利姆·多米特（Carlos Slim Domit）先生（见

图4-2）。多米特先生担任过B20峰会ICT（信息与通信技术）工作组的联合主席和世界经济论坛年会拉丁美洲的联合主席，目前是美洲电信、卡索（Carso）集团、桑铂士（Sanborns）集团和墨西哥电信的董事会主席，是墨西哥电信的最大股东，商业网络遍及世界各地。卡洛斯·斯利姆·埃卢及其家族在2010—2013年连续四年蝉联《福布斯》全球亿万富豪榜首位，他本人多次到过中国，非常认可华为和中国的产品与技术，非常欢迎中国企业去墨西哥投资，也非常希望与中国企业展开商业合作。

图 4-2　本书作者（左二）与墨西哥首富长子
卡洛斯·斯利姆·多米特先生（左三）

2023年12月1日，我受邀参加科阿韦拉州州长马诺罗·希门尼斯·萨利纳斯（Manolo Jiménez Salinas）的就职仪式（见图4-3）。马诺罗州长表示，当地15%的投资来源于中国，州政府十分重视中企投资，此次就职仪式特别邀请了中国企业家代表团。当时的墨西哥总统热门候选人之一索奇特尔·加尔韦斯（Xochitl Galvez）女士也来到了现场。目前，在当地投资的中国企业以汽车零件和电信产品部件为主，三花控股集团、金龙精密铜管集团、旭升集团、芜湖伯特利汽车安全系统股份有限公司等都已扎根科阿韦拉州。科阿韦拉州与美国接壤,距离新莱昂州首府蒙特雷只有1.5小时车程。但蒙特雷的中国企业已经扎堆,导致成本急剧上升,人力资源短缺,科阿韦拉州则拥有更低的成本和更丰富的人力资源。

图 4-3 本书作者(右二)受邀参加科阿韦拉州马诺罗州长的就职仪式

中东的沙特阿拉伯

提起沙特,很多人想到的还是"头顶一块布,天下我最富"。作为全球最主要的石油出口国,沙特自然不缺钱,长久以来它都是以资源国的身份赚钱,然后再消费。但现在,沙特投资热正在升温。

2023年,中东地区GDP总量大约为3.36万亿美元,人均GDP超过1万美元。其中沙特阿拉伯是中东地区GDP最高的国家,达到了1.07万亿美元,是中东地区唯一一个GDP超过1万亿美元的国家。

沙特总人口3000多万,劳动力人口占比50%以上,2023年GDP排名位列全球第19,人均GDP高达32 530美元,具有较强的消费能力。沙特非常重视对劳动力的培养与发展,不仅通过多种教育与培训计划提高劳动力的水平,还与国际企业合作提升劳动力的专业领域技能，如与华为签署备忘录，共同培养ICT人才和AI人才。

2016年，沙特政府提出"2030愿景"计划，将通过发展工业、矿业、能源、物流、游戏、旅游行业，以及推动私营部门的发展，减少对石油的依赖，将非油外贸出口占比从16%提升至50%，实现经济多元化及可持续增长。石油产业是沙特经济发展的主要支柱产业，沙特已探明原油储量达2976亿桶，已探明天然气储量8.3万亿立方米，居世界第六位（2020年）。丰富的油气资源和俄乌冲突后高企的国际油价，极大地带动了沙特经济的增长。

外交方面，沙特在中美之间保持平衡，一方面与美国保持着长期的战略伙伴关系，另一方面加强与中国、俄罗斯的双边关系，通过这种平衡关系，维护国家利益和地区安全。2016年9月26日，中国开通与沙特货币的直接交易，原油可以直接用人民币进行结算，这是沙特与中国进行金融合作的里程碑。2023年，中沙双边贸易额约为1072.3亿美元，沙特成为中国在中东地区千亿美元级贸易伙伴。2023年11月20日，沙特与中国签署了规模达500亿元人民币的双边本币互换协议。沙特的"2030愿景"与中国的"一带一路"倡议促使两国在能源、基础建设、贸易和投资等领域合作，共同推进了一系列战略项目，例如麦加轻轨铁路、吉赞经济城商业港等，这标志着中沙两国进入了共建"一带一路"的全新阶段，也给更多中国企业提供了百年难遇的出海机会。

沙中企业家联合会理事长、易达资本创始人及管理合伙人李晋吉与我相识于2017年第一届中国互联网投资界的东南亚考察团。李晋吉告诉我，在5年前，他还需要一家一家地拜访劝说中国企业去沙特投资发展，但自从2022年开始，特别是习近平主席访问沙特之后，中国企业出海沙特的投资热情持续升温。2022年至今，他的团队已经接待了超过2000家中国企业和机构以及地方政府的代表。

2016年李晋吉第一次访问沙特时，沙特对娱乐的限制很多，当地没有电影院、电子游戏厅等娱乐场所，女性不能驾车，甚至不能进入体育馆观看体育赛事，更不能单独旅游。直到2016年4月，沙特推出了"2030愿景"计划，希望实现从封闭保守走向开放，强调要实现"社会欣欣向荣、经济繁荣兴旺、国家理想远大"的目标，改革措施成功地让沙特的经济和社会面貌发生了显著变化。李晋吉还指出，沙特对于中国出海企业来说，是完全不同的商业环境，需要适应当地的金融、保人制度及当地市场的消费习惯。出海沙特的难度比想象中要大得多，对中国出海企业挑战很大，刚开始不可避免要走弯路和交学费。这个过程没有捷径，必须循序渐进，企业一定要有充分的战略定力，保持长期主义。

2020年年初，易达资本成立，投资领域聚焦数字化场景，覆盖科技、消费、物流、金融、旅游、医疗、新能源、高端制造、石化创新衍生、新农业等多个领域，是最早进入沙特的具有中国背景的投资机构。

易达资本成立后不久就遭遇了新冠疫情，李晋吉是为数不多仍往来于沙特与中国的旅客，他希望通过其在中东的资源，为中国企业提供系统化支持，帮助他们快速了解当地法规，易达资本在利雅得的办公室成为中国政商考察团访问沙特的必经站。易达资本在沙特的投资业绩显著，其投资项目涉及数字基建、云服务、即时通信、网络安全等多个领域，截至2022年，已经有13个项目成功落地沙特，如与阿里云合作的云计算全资公司。

按照李晋吉的观点，真正的全球化战略意味着在不同地区实施适应当地商业环境的本地化策略，市场匹配性非常重要。沙特市场并非适合所有中国出海企业，它的规模有限，因此必须精准定位。这就需要深入的市场调研，以便挖掘出适合中国企业的机会。"我们的运作模式是主动出击，寻找那些行业领先、资金充足、具备国际扩张实力的企业。一旦认为某个项目有潜力，我们就会作为少数股权投资者参与其中，支持它们自主发展，这是一种长期的投资策略。"

目前很多中国企业前往沙特考察，往往只是走马观花，停留时间很短。这些企业之所以选择沙特，是因为国内投资机会减少，非常"内卷"；而中东让中国企业觉得"钱多人傻"，因此希望来这里"淘金"。李晋吉表示："现在人们对沙特的期待非常高，他们希望能在短短几年内复制过去的历程……虽然愿景是美好的，但成功的道路需要我们脚踏实地，一步一个脚印走出来。"

中国企业在沙特的投资热情在"一带一路"倡议下显著增强，但也面临着一系列的风险和挑战。

1. 政治与安全风险。沙特虽然政治相对稳定，但仍然存在一些安全隐患，如与伊朗的关系以及胡塞武装的威胁。此外，沙特内部的政治变化也可能对外国投资产生影响。

2. 经济环境复杂。沙特的经济正在经历转型，即推动经济多元化，减少对石油收入的依赖，这种转型期可能会带来市场的不确定和波动。

3. 法律和监管差异。沙特的法律体系与中国大陆存在差异，特别是涉及宗教的方面。中国企业需要熟悉和遵守当地的法律法规，包括新的投资法规和政策。

4. 文化差异。沙特有着独特的文化和习俗，中国企业在沙特经营时需要尊重当地文化，避免文化冲突。

5. 自然环境挑战。沙特的气候条件恶劣，沙漠气候可能会给企业的运营和基础设施建设带来额外挑战。

6. 环保法规。沙特的环保法规很严格，中国企业在进行建设和生产活动时需要严格遵守，否则可能面临重罚。

7. 资金和财务风险。沙特虽然财力雄厚，但并非不存在资金短缺的问题，中国企业在参与大型项目时应评估项目的可持续性，确保资金的安全和回报。

海外子公司的选址

当企业确定了出海的区域或国家，接下来要做的事情就是选择城市，以及城市的具体城区和具体办公楼。看起来这似乎是出海全球化过程中不那么起眼的一个环节，尤其在企业高层领导和业务主管眼里，这是顺理成章、水到渠成的事情。因为如果是在国内，企业只要把相关需求信息提供给中介，中介很快会安排好一切，企业作为甲方只要提要求，总有第三方抢着来提供服务。所以企业领导在开会过程中一旦拍板要出海，往往就会马上要求某月某日前要在某国开设一个办公室，要有多少销售和研发人员到达现场办公。事实上，在欧美这样的发达国家，这样的要求几乎是不可能完成的，因为这些国家的中介或者服务机构人员，只会给你做简单的推荐，到点就要下班，没有机构可以为企业提供端到端、量身定做的结果，这需要投入大量的时间和精力。

中国企业海外办公室选址要考虑的因素太多了，不像欧美企业，一般主要考虑客户位置和周边商业环境。中国企业往往有很多特殊的需求，例如考虑办公室的同时，要考虑周边公共交通、公寓和酒店情况，吃饭是否方便，有没有中餐馆，有没有亚洲超市等。一旦办公地点确定，很多商业活动和员工的生活就要围绕这个办公点展开，涉及工作、生活、餐饮、出行、家庭和体育活动等方方面面。如果因为选址太仓促而导致后续再次搬迁，那么可能牵一发而动全身，对业务产生很大的影响，并造成成本的浪费，更重要的是，很多已经入职的当地员工很可能会因此离职。

所以说，一个好的办公室选址，要考虑的因素很多。首先，建议企业先确定海外设置此办公室的主要目的。推动这个办公室运作的重要因素是什么，例如客户的拓展，当地人才的招聘，交通便利和周边出差等。其次，考虑具体的城市时，建议考虑城市定位、产业优势、劳工资源、经济活力、当地政府的对华关系和税收政策、签证政策等因素。最后，在确定了城市后，接着考虑具体城区和办公楼时，建议考虑以下几点：

1. 距离客户较近，最好就在步行距离内，这样可以频繁和快速地约见客户，与客户内部充分沟通和互动，从而快速搭建立体式的客户关系，促进商业成功。

2. 交通便利，最好有地铁和公交等公共设施，可以快速廉价出行。

3. 周边安全当然是必须确保的。

4. 餐饮丰富也是非常重要的，员工吃好了，才有精力投入工作。

即使选好了城市和办公楼盘，这也只是万里长征第一步，接下来的办公楼谈判和装修同样环环相扣。办公楼租约的谈判非常有技巧，到底签几年，多久可以终止合同，免租期有多久，会配备哪些办公设施，这些都需要通过谈判争取利益空间。一般欧美发达国家的办公室是毛坯，企业要根据自己的需求去装修，还有办公室IT系统的配置，这些都需要到当地市场找供应商报价。毫不夸张地说，如果没有专业的行政人员参与，而是领导临时指定信任的业务人员来负责，第一次干一定会踩坑，而且是踩很多的坑。我就是在2007年年初，由于出色地完成了华为欧洲总部的选址考察，被时任华为欧洲地区部总裁的徐文伟任命去接手欧洲行政工作的，接下来我就从当事人的视角还原一下当初的情景，和大家分享华为是如何进行海外选址的。

华为欧洲总部的搬迁选址

欧洲一直是电信的成熟市场，也是各大供应商的兵家必争之地，最大的电信运营商有沃达丰、英国电信、德国电信、西班牙电信和法国电信等。其中，沃达丰是全球最大的电信运营商，总部在英国的纽伯里，英国电信总部则在伊普斯威奇和伦敦。当时的华为欧洲地区部为了集中有限的资源，优先拓展好沃达丰和英国电信这两个战略大客户，于2004年3月25日将总部从德国的法兰克福搬到了英国的贝辛斯托克。贝辛斯托克总部是华为当年在海外最大的机构之一，也是中国企业在英国的最大投资。英国《泰晤士报》（*The Times*）评论称，此举是中国企业走向全球化的一个重要标志，标志着华为的海外拓展重点逐渐从亚非拉新兴国家转向欧洲发达国家。从此，华为以英国为基地，逐渐开拓欧洲市场。

2005年6月，我从法国巴黎去了贝辛斯托克工作。贝辛斯托克是英格兰一个10万人的小镇，被称为英国硅谷，当时小镇有摩托罗拉、索尼等公司，而且可以招到电子通信业人才，离伦敦只有40分钟火车车程，但综合成本只有伦敦的一半。

贝辛斯托克在华为欧洲的早期发展过程中扮演了很重要的角色，华为进入了沃达丰和英国电信这两大战略客户的供应商名单。英国人的职业化程度非常高，为早期华为欧洲拓展培养了很多经理人。不过随着华为在欧洲各国不断地攻城略地，总部在英国贝辛斯托克这个小镇的弊端也越来越明显，主要有以下几个方面：

第一，成本太高。贝辛斯托克的办公租赁、宿舍租赁等价格普遍比欧洲大陆的城市高出50%。

第二，签证问题。英国是非申根国家，总部人员经常要去欧洲大陆各国出差，所以必须去伦敦办签证，会耽误很多时间。

第三，交通不便。总部人员经常出差，但从小镇去希斯罗机场开车需1小时，机场巴士1~2小时一班，非常不便。

2005年年底，欧洲地区部管理团队就有了再次搬迁的想法，最初的想法是为了降低运营成本，先把支撑性部门搬迁到英国中北部城市。我被确定为项目负责人，负责考察选址。

当时搬迁的主要考虑因素是：降低运营成本；满足企业业务发展的需求；选址要与企业定位吻合，周边交通便利，生活安全，并且容易获得外部合作资源。

2006年2月，我就开始在欧洲各地考察，寻找合适的搬迁地点，考察的城市包括英国的伯明翰、考文垂、曼彻斯特，以及法国巴黎、荷兰阿姆斯特丹、比利时布鲁塞尔、德国法兰克福等。

有一天我在阿姆斯特丹出差时，突然接到电话，让我去德国的杜塞尔多夫看看，事后了解到，是时任沃达丰系统部部长、后任欧洲地区部总裁的彭博起了关键的作用,他当初在杜塞尔多夫租了300平方米的办公室,买了18套办公桌椅。考察那里后,我给总部领导写了一份综合的对比报告。没想到搬迁的决定来得非常迅速。2006年9月,当时的欧洲地区部管理团队就决定把欧洲总部整体搬迁到杜塞尔多夫。时任欧洲总裁徐文伟甚至要求在圣诞节前就完成搬迁,员工都认为这是不可能完成的。

2006年12月15日,我作为首批搬迁的员工坐上了从英国伦敦飞往杜塞尔多夫的航班,同机大概有50多位华为的员工及家属。

2007年1月,我们已经基本完成了对华为欧洲总部的搬迁。当时的杜塞尔多夫办公室坐落在Am Seestern 24号,办公室的对面就是大家口中所说的"大高楼",里面提供了200多套酒店式公寓,基本满足了大部分员工和家属的住宿问题。办公室和宿舍相隔不到百米,一下子解决了员工的工作和生活两大难题,像这样一举两得的成功案例非常少见。

目前,华为欧洲总部仍设在杜塞尔多夫,但人员数量已经从当年的300多人增长到了现在的2000多人。

2007年,在杜塞尔多夫驻扎的中资企业只有华为、联想等少数几家,而如今,每年到北莱茵-威斯特法伦州投资的中国企业数量稳定在40多家,小米、OPPO、vivo、科沃斯、中国工商银行等都选择来到杜塞尔多夫。杜塞尔多夫已成为中国企业在欧洲投资办公的重要城市。值得一提的是,原先杜塞尔多夫聚集了很多日本人,但近几年华人数量逐渐上升并赶超了对方。

从华为欧洲总部两次搬迁的例子中,可以得出以下结论:海外选址是平台搭建前的第一步,要综合考虑各方面因素,例如城市定位、产业发展、经济活力、成本、交通、安全、劳工、政府关系、税收和签证等。除此以外,还要认识到显性成本是可以衡量的,隐性成本和风险则很难马上体现,往往在平台搭建后才显露出来,到那时就为时已晚了。所以企业在选址考察时,一定要多跑、多看、多问、多聊、多综合比较,再做决策,如有需要也可以考虑利用熟悉当地情况的中介协助选址。能迅速找到适合企业业务发展的城市和办公地点,当然是一劳永逸的,但所谓的合适也要带着发展的眼光来看,当时合适,并不代表企业发展后还合适。所以,选址非常考验出海企业决策层的集体智慧。

如何出海：出海的战略制定

关于中国企业如何出海或者说企业如何制定全球化战略，一方面，目前已经有了很多成熟的方法论和工具；另一方面，前文也详细描述了可复制和借鉴的十大模式和十大理念。值得一提的是，企业在全球化过程中一般不会只采用其中一种模式或理念，而是会同时采用多种。以十大模式为例，比亚迪混合运用了海外并购、渠道销售及直接建厂等模式。据公开报道：

2010年3月10日，比亚迪成功收购了日本大型模具生产企业荻原旗下的馆林模具工厂。

2014年7月17日，比亚迪与巴西政府签约确定投资兴建铁电池工厂。

2017年3月23日，比亚迪宣布在法国上法兰西大区博韦市建设阿洛讷工厂。

2017年4月4日，匈牙利北部科马罗姆的电动大巴工厂举行开幕仪式。

2017年10月6日，比亚迪在美国投资2.9亿美元建立的电动大巴工厂竣工。

2017年12月9日，比亚迪与摩洛哥签署协议，在摩洛哥北部城市丹吉尔设立工厂。

2023年3月10日，比亚迪在泰国罗勇府伟华工业园内举行首个海外乘用车生产基地的奠基仪式。

2023年8月28日，比亚迪宣布与全球知名的电子制造服务及解决方案提供商之一捷普（Jabil）签署价值22亿美元的收购框架协议。

全球化战略和企业战略在范畴和侧重点上有所不同，但它们之间存在着密切联系。企业战略是全球化战略的基础和支撑，只有在清晰的企业战略基础上，企业才能有效地制定全球化战略。全球化战略比企业战略拥有更加广阔的战略范畴，它要考虑到跨国经济、政治、文化等多方面因素的影响。全球化战略强调企业在全球范围内的布局和运营，致力于在多个国家和地区寻找机会、扩大市场份额，并通过跨国合作、跨国并购等方式实现业务增长。企业在制定全球化战略时，必须明白这不仅仅是为了制定而制定，而是要确保具有实际可执行性，这样，战略才能产生真正的价值。

2003年，华为启动了广为人知的战略规划801；2005年，华为进一步推进了战略规划803，这是华为首个较为规范的全球化战略规划，涉及海外地区部和国家代表处等关键部门。到了2009年，华为在战略规划807中采纳了IBM的BLM（业务领先模型）作为战略规划的框架，并将其作为中高层战略制定与执行的桥梁，这一做法一直持续至今。2012年，华为引入了BEM（业务执行力模型）进行战略解码，经过20多年的持续探索，最终形成了DSTE（从战略开发到执行）战略管理体系。

2005年，我在华为欧洲地区部参与了战略规划803的相关实施工作。当年各部门领到任务后，大部分人都一头雾水，抱怨总部领导是怎么想的，为什么要花那么多钱请咨询公司来搞这么复杂的全球战略规划，感觉是在浪费一线业务人员的时间。大家业务都非常忙，搞这些规划，还不如让大家干好自己手里的工作。很多员工当年只是跟着领导干活，能讲明白这个战略规划的同事根本没有几个，临近交"作业"时，本部门的规划和预算可以说都是拍脑袋想出来的。但是连续执行10多年后，大家才发现这套体系是非常有用的。从2013年到2017年，我在拉美地区部的智利代表处连续工作了5年，也做了5年的战略规划。所有的规划和预算刚开始都是自己拍脑袋想出来的，用一年时间去执行，完成后再找出差距，总结做得好的方面和做得不好的方面。这样在做下一年的规划和预算时，就会越来越有感觉，所有的业务逻辑和数据逻辑也都能串起来了。这个过程就相当于质量体系中的PDCA[计划（Plan）、执行（Do）、检查（Check）和处理（Act）]循环。此时，我才更加明白公司的良苦用心：只有全球各地区部、国家代表处、大客户部和产品线各个维度的充分参与，才能在充分了解全球战略洞察的基础上，自下而上相互交叉验证，做出全球化的战略规划。可以说，华为致力于实现"以客户为中心"的战略规划，并在战略执行的科学管理上投入了大量时间和精力。通过这套战略管理框架和方法论，华为确保了从市场洞察、战略规划、战略解码、战略执行到战略复盘的整个过程形成了一个闭环的、动态螺旋式成长机制。

值得一提的是，这几年我在给企业做全球化咨询时，同样推荐使用DSTE模型来做全球化战略规划，但经常遇到相同的阻力和不理解。2023年，一次我在指导如何运用DSTE模型做全球化战略规划时，一位高管突然当众发问："陈老师，收集这么多的信息来做规划，我们要投入大量的精力，真的有作用吗？"事实上，一线主管和员工在最初接触DSTE模型时都会觉得云里雾里，原因就在于他们没有全局观，也没有完整经历过一个周期，所以往往会感觉非常吃力，认为是在浪费时间。不过企业老板和总裁往往非常喜欢这个工具，因为全球化战略规划可以帮助他们从逻辑上实现企业的业务增长，闭环从战略到执行的全过程。所以用DSTE做全球化战略规划时，企业一定要耐住性子，顶住压力，连续做3~5年才能渐入佳境，得其精髓，发挥出其应有的威力！如果不坚定，遇到困难就退缩，就会功亏一篑！

一、战略洞察

在战略洞察阶段,需要对环境和价值进行深入分析,包括行业/趋势、市场/客户、竞争对手、企业自身情况及潜在机会,也就是"五看三定"(见图4-4)。通过这些分析,可以找到战略机会点,为后续工作奠定基础。

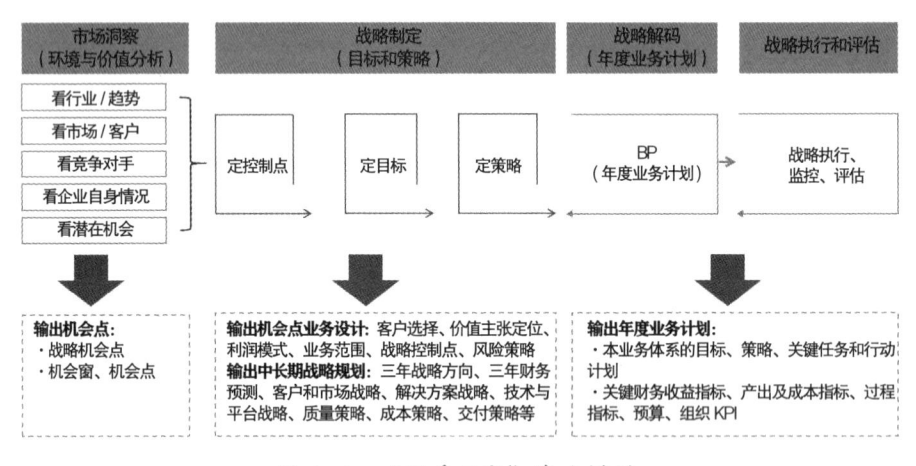

图 4-4 "五看三定"战略模型

看行业/趋势:看行业现状和未来发展趋势

1. 国家政治、经济的变化。
2. 行业政策和法规的变化。
3. 行业突破性技术的发展。
4. 行业趋势变化带来的新需求。
5. 新进入的全球竞争者。
6. 新的商业模式的创新。

……

看市场/客户：客户需求是战略制定的基础

看市场，是指通过市场调研、数据分析等手段，深入了解市场的趋势。看客户，则是指不断与客户沟通，了解他们的需求和反馈。以下这些方面的内容非常关键，将有助于我们更好地理解客户的痛点，对症下药，及时调整企业的产品和服务，从而给客户提供更有效的解决方案，提升客户的满意度。

1. 客户的组织架构。
2. 客户3~5年的战略规划。
3. 客户的业务痛点。
4. 客户的年度预算构成。
5. 客户的内部采购流程。
6. 客户的内部决策流程。
7. 客户决策链中的核心干系人。
8. 客户决策链中的核心干系人分别能在哪些环节影响决策。

看竞争对手：知己知彼，百战不殆

1. 确定细分行业的竞争对手有哪些，哪些是重点研究对象。
2. 分析重点竞争对手的主要产品、服务能力、产品定价、关键客户、市场份额、品牌影响力、广告策划、全球产能、成本控制、战略规划、创新能力等。
3. 制定针对重点竞争对手的竞争战略与目标。
4. 持续关注竞争对手重大活动和战略举措等，及时调整竞争策略。

看企业自身情况：深入分析企业自身的优势、劣势和差距

SWOT分析是一种常用的战略分析工具，可以评估企业的优势（strengths）、劣势（weaknesses）、机会（opportunities）和威胁（threats）。企业可以对照商业模式画布，发掘自身的优势，弥补内在的不足，做到对自身有一个明确的定位与判断，舍弃自身能力之外的机会点。在以下10项中，企业最好能有7~8项优势，至少也要保证有5~6项优势。商业模式画布包括：重要伙伴、关键业务、核心资源、价值主张、客户关系、渠道通路、客户细分、成本结构、收入来源、组织能力。

看潜在机会：对选出的机会点进行筛选、排序与聚焦

查找机会并筛选、排序和聚焦，是非常重要的步骤。因为企业的资源是有限的，并非所有机会点都适合投入资源。一个常用的筛选工具是BCG矩阵，它是由波士顿咨询集团创始人布鲁斯·亨德森（Bruce Henderson）在1970年开发的。BCG矩阵将企业的产品或服务划分为4个象限：明星、问题、金牛和瘦狗（见图4-5）。将产品或服务放入BCG矩阵中，可以更好地了解企业产品组合的情况，并确定哪些产品需要投资以实现增长，哪些应该维持现状，哪些则可能需要淘汰。

1. 明星型业务（Stars）：产品处于快速增长的市场中，并且占有支配地位的市场份额。

2. 问题型业务（Question Marks）：投机性产品，一般带有较大的风险。

3. 金牛型业务（Cash Cows）：产品产生大量的现金，但未来增长前景有限，是成熟市场的领导者，是企业的现金来源。

4. 瘦狗型业务（Dogs）：产品既不能产生大量现金，也不能大量投入，往往没有希望改进，是微利或是亏损的。

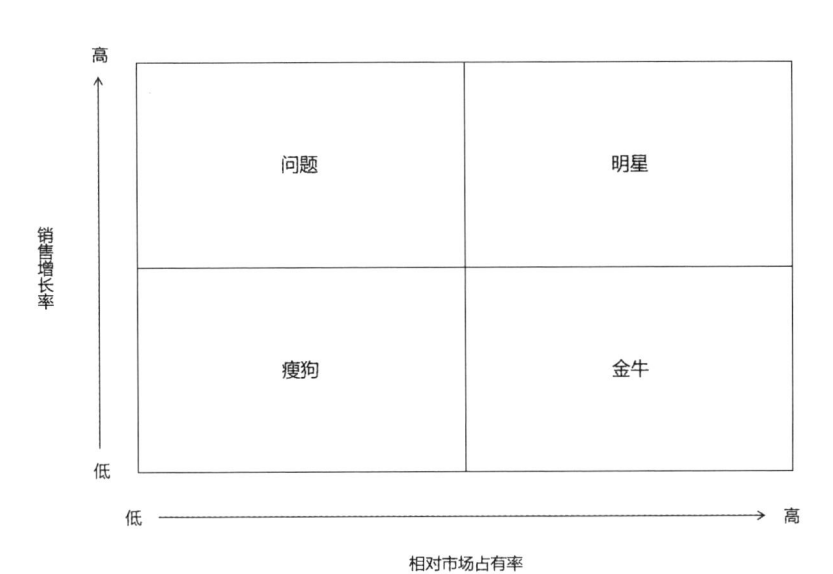

```
         高
          ↑
          |
     ┌─────────┬─────────┐
     │         │         │
销   │  问题   │  明星   │
售   │         │         │
增   ├─────────┼─────────┤
长   │         │         │
率   │  瘦狗   │  金牛   │
     │         │         │
     └─────────┴─────────┘──→
     低                    高
          相对市场占有率
```

图4-5 BCG矩阵模型

二、战略制定

战略制定阶段是企业指针对市场环境，进行宏观的行业战略分析和客户竞争分析，结合自身实力定目标、定策略、定战略控制点。

定目标，全面支撑战略定位

定目标是制定企业经营全方位的目标，不只是销售、订单和利润目标，还要包括研发、生产、供应链、内部管理等方面的目标。制定业绩目标时需要考虑不同的维度，包括产品、区域、客户等，每个维度都需要进一步具体化，比如在产品维度下，必须列出具体有哪些产品。

定策略，使营销、产品、交付等形成规划

定策略需要考虑营销策略、产品策略、交付策略、商务策略等。企业需

要将目标转化为具体行动和阶段性里程碑，考虑到组织架构中各个部门和层面的具体规划（见表4-2）。

表4-2 年度战略目标（模板）

本组织定位及目标描述	战略目标描述不仅仅包含业绩指标，还要能全面支撑战略定位（含市场定位、客户和竞争格局、组织能力/效率……）					
发展节奏量化指标及目标	2022		2023		2024	
	关键里程碑		关键里程碑		关键里程碑	
	指标1		指标1		指标1	
	指标2		指标2		指标2	
目标是非常严肃的，针对重要的业绩指标要通过交叉分解去验证其可行性						
分类维度		描述		验收方及标准	责任人	完成时间
或产品维度	产品线1					
	产品线2					
或区域维度	区域A					
	区域B					
或客户维度	客户1					
	客户2					

资料来源：弘毅管理实践：华为五看三定战略化工作法[EB/OL].（2023-12-18）[2024-12-12].https://mp.weixin.qq.com/s/Tw06YT_CkW9WXNSIvL695Q.（引用时有一些修改）

定控制点，控制点是企业的核心竞争力，是"护城河"

控制点就是不易被构建、模仿和超越的中长期竞争力，比如成本优势、产品性能和质量的领先、优势的市场份额，也可以是专利技术等。

1. 要对市场和竞争对手有深入洞察。

2. 要建立良好的客户合作关系。
3. 要持续创新和技术积累。
4. 要有坚定的执行力和决策力。

三、战略解码

战略解码阶段就是制定年度业务计划的过程，这一步容易被忽视，导致企业的战略规划模糊不清，只停留在纸面上，最终导致战略到执行的虎头蛇尾。战略解码的核心是确定接下来要做哪些事情，并确保这些事情之间的逻辑一致性，以及战略与组织的关键绩效指标（KPI）、重点工作及高管个人绩效考核密切相关。年度业务计划主要包括以下方面：

1. 确定机会点和市场目标。
2. 制定策略和制订行动计划。
3. 确定年度重点工作。
4. 制定年度财务和人力预算。
5. 设定组织KPI和高管个人绩效考核标准。

四、战略执行和评估

战略执行并不是一次性的任务，而是一个持续的过程。年度业务计划要靠经营分析会议来落地。例行的经营分析一般由财务和运营部门收集相关数据，及时暴露企业在战略落地到执行过程中的问题和风险，关键是找出这些问题背后的原因，思考应该怎样去推动解决。企业通过经营分析会议去落实问题解决的责任人和具体时间,并在下一次会议前通报问题解决情况和进展。如果企业从上到下各个层级都严肃对待,发现问题、解决问题,领导层也以身作则,对老大难问题身先士卒,那么就一定可以实现年度经营目标。

战略评估要与员工的个人绩效考核紧密地联系在一起,及时考核和评估员工有没有达到目标所预期的水平,如果没有达到,分析为什么没达到。评估之后,考核和绩效辅导都要跟上,及时发现员工的绩效问题并及时解决问题,在推动员工和主管创造高绩效的同时,持续激励他们,只有这样企业才能实现年度经营目标。

出海的成本管控

海外扩张虽然有诸多优势,但也存在许多风险,成本投入就是许多企业优先考虑的问题之一。显性成本是很容易计算出来的,但隐性成本却无法估算,这也是出海的风险所在。

一、显性成本

1. 差旅成本

（1）酒店成本

海外出差是出海企业员工经常面临的工作任务,住宿费用也是出差成本中的重要组成部分。表4-3是海外出差常见国家酒店的费用情况。

表 4-3　热门国家酒店平均费用（2024年3月）

	热门国家	平均费用（美元/晚）
亚洲	新加坡	111
	马来西亚	29
	泰国	33
欧洲	德国	95
	英国	113
	意大利	108
	西班牙	109
	波兰	116

（续表）

	热门国家	平均费用（美元/晚）
非洲	肯尼亚	141
	摩洛哥	61
	突尼斯	49
北美	美国	171
	加拿大	138
	墨西哥	89
南美	阿根廷	87
	智利	90
	巴西	56

数据来源：Budget Your Trip网站

（2）机票成本

员工的国际机票费用也是不容忽视的一项成本。表4-4是从上海飞往一些热门国家的航班费用情况。

表4-4　上海往返热门国家机票费用（2024年3月）

	热门国家	费用（美元/人）
亚洲	新加坡	420~922
	马来西亚	406~613
	泰国	377~1071
欧洲	德国	847~1372
	英国	809~856
	意大利	705~1373
	西班牙	796~1743
	波兰	865~1911

（续表）

	热门国家	费用（美元/人）
非洲	肯尼亚	1094~2399
	摩洛哥	1024~2931
	突尼斯	1092~2822
北美	美国	1421~3596
	加拿大	1443~7126
	墨西哥	1957~12285
南美	阿根廷	2120~4544
	智利	2443~4428
	巴西	1889~3551

数据来源：天巡（Skyscanner）网站

（3）保险成本

员工去海外工作或出差，相较于国内会面临很多不确定性因素。购买商业保险，无论对于员工个人还是企业层面，都是一张兜底的网，能够防范很多意外的风险，有百利而无一害。海外短期商业基础保险包括意外保障、疾病保障、财产保障、安全保障及医疗救援，具体费用见表4-5。

表4-5　3类低风险职业保费（2024年3月）

保费	A类	B类	C类
3个月	1350元	1790元	2570元
此类保费适用于A、B、C类低风险职业，如办公室职员、业务员、司机等。			

数据来源：平安财产保险

如果前往医疗费用昂贵的地区，建议增加额外的医疗保险；如果前往的是治安不好或者容易发生盗抢诈骗的国家和地区，应当留意随身财物在保险中是否涵盖，或者增加相关意外保险；若前往环境特殊或医疗水平有限的地区，应优先选择紧急救援水平高的商业保险。

2. 展会成本

参展是企业在海外拓展市场的重要方式，参加国外展览的费用包括展会摊位费用、展位搭建费用、人员费用和其他杂费。以下为国际常规展会摊位费用：

2022德国柏林国际电子消费品展览会（IFA）标摊（9平方米，双开），中国区9号馆，3天展会费用为3920美元（折合人民币2.8万元）。

2023年德国IFA（20平方米，特装双开），品牌馆，5天展会总费用为16984美元（折合人民币16.5万元）。

2023美国国际消费类电子产品展览会（CES）标摊（9平方米，双开），LVCC North Hall，3天费用为6200美元（折合人民币4.5万元）。

3. 人员成本

越来越多的企业在海外设立子公司，招聘海外当地员工，人员工资和福利是月度固定成本。欧美国家的薪资福利相比亚非国家要高出很多，在制定当地员工的薪酬时，一定要参考当地权威机构的动态数据。除了薪酬，雇主还必须按照当地法规和惯例考虑员工福利，通常包括社会保险、医疗保险和退休计划等。表4-6是各洲平均薪资标准。

表4-6 各洲平均薪资标准（2024年3月）

	亚洲	欧洲	非洲	北美	南美
平均薪资（美元/月）	1074	3085	796	4236	1688

数据来源：Time Doctor网站

4．办公成本

大部分中国企业在出海初期都会选择租赁办公室来开展工作，各国的办公室租赁费用差异非常大。例如欧洲一般在10~15欧元/（平方米·月），德国杜塞尔多夫13欧元/（平方米·月）左右，荷兰阿姆斯特丹16欧元/（平方米·月）左右，高端的办公楼甚至可以达到30欧元/（平方米·月）；再例如近来火爆的墨西哥蒙特雷也已经达到了20美元/（平方米·月）左右。

实力雄厚的企业大多数选择海外买楼，这样既可以用于办公，也可以当作投资。早在2015年5月，中国银行就投资6亿美元购买了位于纽约的Bryant Park 7号；2015年10月，中国人寿投资4.2亿美元购入了位于伦敦的99 Bishopsgate 大楼一半的股权。

5．工会成本

在欧美国家，工会拥有很大的话语权，工会组织代表是经全体工人选举产生的，负责代表雇员与雇主就工资水平、福利待遇、劳动保护、集体合同等问题进行协商。此外在有些国家，企业是需要缴纳工会费用的，例如，墨西哥的工会费用根据企业用工规模而定，企业每月按员工工资的1.5%缴纳；德国的工会费用则通常需要企业按员工总收入的1%缴纳。

6．厂房成本和运营成本

工厂出海最初阶段，通常建议先租赁厂房，避免大额固定资产的投入，等在当地运营一段时间后，再决定是否搭建厂房。厂房搭建成本包含购买地皮、设备等固定资产及基建成本，一般投资金额都很大，建议做好充分的评估和调研。以当前中国企业热衷在墨西哥蒙特雷建厂为例：厂房租赁价格为6~7美元/（平方米·月），买地建厂的价格在120~280美元/平方米。若在蒙特雷南部购买10万平方米土地，花费可能高达2亿多元人民币。蒙特雷地区的工业电费为0.16美元/千瓦时,天然气费为0.03~0.09美元/立方米,水费为3美元/立方米。

二、隐性成本

在出海成本预测中,还有一个"隐秘的角落",那就是隐性成本。我在与很多已在墨西哥建厂的企业高层交谈时,经常听见这样充满懊悔的抱怨:"来这里前,大家都说墨西哥建厂很好,但我们不知道墨西哥建厂的综合成本要比国内高出20%~30%,工人这么难管理,效率也很低,还有那么多合规风险和成本。"

那么对于出海企业来说,到底有哪些隐性成本?我做了以下5个方面的简单总结:

1. 文化差异带来的沟通成本:不同国家和地区的文化背景不同,可能会导致语言、习惯、沟通方式等方面的差异,这会增加企业在跨国经营中的沟通成本,例如误解导致的工作延误、员工不适应等。

2. 品牌形象与声誉的风险:在新市场中建立品牌形象和声誉,需要时间和长期努力,但一旦因管理失误出现负面事件,就可能会对企业在该市场的形象和声誉造成严重影响,从而影响长期经营。出海企业需要加强品牌建设和危机公关管理。

3. 政治与地缘风险:不同国家和地区的政治环境和地缘关系会发生变化,这些变化可能会对企业的经营产生不利影响,例如政策变化、外交关系紧张等,这些都是难以预测和量化的隐性成本。

4. 时间成本:跨国经营需要花费大量的时间来建立业务网络、开发客户群体、建立品牌认知度等，而时间本身也是一种成本，特别是在竞争激烈的市场中，时间成本可能会影响到企业的市场份额和竞争优势。

5. 管理与人员流失成本：由于文化、制度等方面的差异，企业可能面临员工流失、管理困难等问题，需要投入额外的成本来解决。

不过在出海过程中，最可怕的隐性成本还是安全成本。一旦出现安全问题，结果都是令人悲痛的。有些国家毒品和枪支泛滥的情况是真实存在的，有些国家的公务员及警察等受贿现象比较严重。中方人员出入住处，应加强注意是否有人尾随，特别是夜间回家时，一定要确认无人跟踪后再进家门；不要随便向人透露住所详细地址；尽量少使用大量现金，不要在办公室、住所存放大量现金，随身也要尽量少带现金；远途出差选择飞机出行，不要选择大巴；开车出去办事时，车内不要留包或贵重财物；尽量避免与人发生争执。在出海过程中，即使在发达国家，安全问题也是无法避免的。企业出海人员一定要提高警惕，防患于未然。

作者手记

企业可以通过综合掌握5W2H分析法来制定基本的全球化战略。除此之外，企业在出海过程中还有一个因素非常重要，那就是企业一把手的绝对支持和参与。企业全球化需要整个公司全力配合，而非单独某个部门承担。企业全球化绝对是一把手工程，一把手在企业中扮演着至关重要的角色。

1. 制定全球化战略：一把手拥有全局视野和决策权，可以带领团队制定全球化战略，并为从战略制定到执行的整个过程设定清晰的目标和方向。

2. 资源调配：一把手可以调动企业内部各种资源，包括人力、财力和物力，为全球化提供充足的支持和保障。

3. 文化引领：一把手的行为和言论对企业文化有着重要的影响，他们的支持可以带动整个组织对全球化的认同和积极参与。

4. 解决问题：在企业全球化过程中，难免会遇到各种问题和阻力，一把手的支持和参与可以让企业及时发现问题并解决问题。

5. 激励团队：一把手的支持可以激励团队成员更多地参与全球化进程，增强他们的信心和动力。

05
跨文化管理

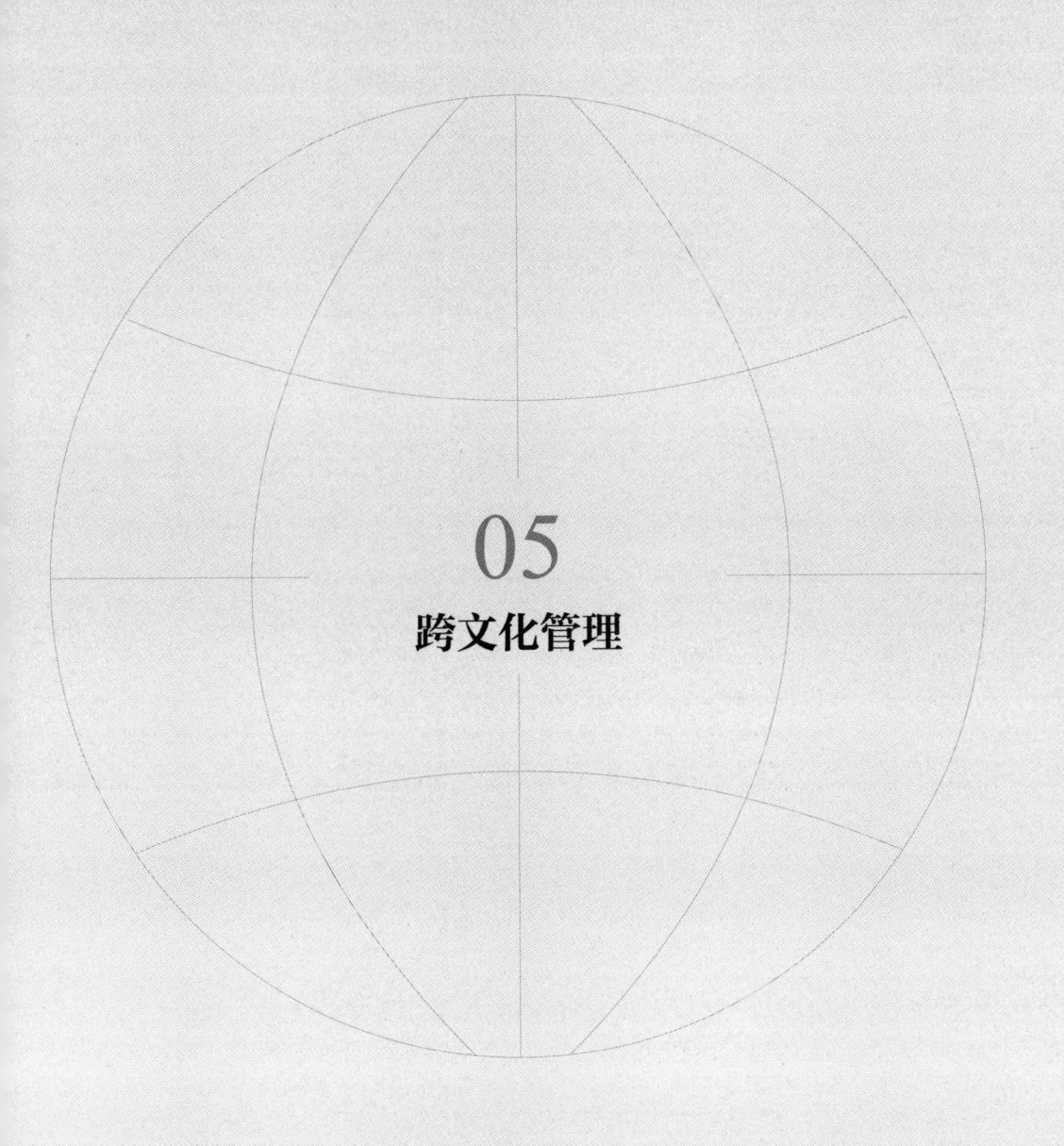

2004年，华为海外业务飞速发展，随着团队中的外籍员工越来越多，跨文化的问题也越来越明显，所以华为内部组织了一个访谈，让部分中方员工谈谈对外籍员工的看法。中方员工对外籍员工的反馈较为一致，也非常让人震惊。他们普遍认为外籍员工：

1. 懒惰、工作主动性不强。

2. 愚蠢、笨，教不会。

3. 不灵活，原则性太强。

4. 个人英雄主义，好个人表现。

5. 自私自利，只顾自己。

6. 高薪低能。

……

20世纪90年代，外资企业大量涌入中国开设公司，大量招聘中方员工，当时的跨文化冲突也非常严重。据当年的新闻报道，外籍员工对中方员工的普遍印象是：

1. 不遵守规则，爱钻空子、耍小聪明。

2. 懒惰，不诚信，表里不一。

3. 不注意形象，行为粗鲁，不尊重人，没礼貌。

4. 懦弱，没主意。

5. 为了利益不顾尊严。

6. 不团结，喜欢窝里斗。

……

从以上对比不难看出，跨文化问题一定会有，而且会长期存在。跨文化管理与企业日常管理的每个环节息息相关，如果不引起足够重视，企业的战略执行效率就会大打折扣。自2019年做全球化咨询以来，我与大量的中国企业管理人员交流过，发现他们普遍不重视跨文化管理。他们更愿意去听销售等仿佛能立竿见影的课程，而不愿意听跨文化管理课程，还经常会问："如何以最快的速度，了解当地的语言和文化？"事实上，全球有197个国家、7000多种语言，作为个人，我们完全不可能掌握其中大部分国家的语言、文化和商务礼仪。无论是了解当地的语言还是文化，都没有什么捷径，都需要我们投入大量的时间，这是一个长期的积累过程。

跨文化管理的定义与重要性

跨文化是一种跨越不同的行为规范、价值观、隐含信念和基本假设的现象和过程。跨文化管理又称为"交叉文化管理",它是指通过克服异质文化之间的差异,并在此基础上重新塑造企业的独特文化,最终打造卓越绩效的管理行为。

在中国企业全球化过程中,为了确保中方员工尤其是管理人员在海外能够有效工作和生活,充分发挥他们在海外业务中的作用,跨文化培训至关重要。这种培训旨在赋予员工跨文化沟通和管理的能力,帮助他们克服文化差异带来的挑战和障碍。

德勤2023年《全球人力资本趋势报告》显示,全球约87%的企业管理者认为跨文化管理很重要。一项对68个国家的企业高层领导的调查显示,有90%的高管把跨文化管理作为21世纪最大的管理挑战;另一项调查显示,跨国企业在全球化过程中遇到的阻力有30%来自技术、资金和制度等因素,70%是跨文化管理引起的。跨文化管理的重要性主要体现在以下3个方面:

1. 跨文化管理是企业全球经营的关键举措。
2. 跨文化管理能有效提升组织管理效率。
3. 跨文化管理有助于改善员工的生活和工作体验,从而提升满意度和忠诚度。

理解东西方文化差异

企业文化与国家文化是分不开的，企业文化是一个国家的微观组织文化，也是这个国家文化的组成部分。因此，企业文化的特点在很大程度上反映了所在国家文化的特点。表5-1是对美国、日本和中国企业文化的一个粗略对比。

表 5-1 美、日、中企业文化的粗略对比

类别		美国企业文化	日本企业文化	中国企业文化
价值观	哲学思想 物质与精神	重视物质 金钱就是一切	精神与物质并重	重视精神 义大于利
	宗教信仰对价值观的影响	很强	较弱	较弱
	个人创造性的发挥	被物质利益限制的创造性	被集体至上限制的创造性	被传统道德限制的创造性
分析问题	起点	利害	利害和个人印象	个人印象
	方式	定量，程序性	定量	不定量，非程序性
	目的	以物质满足为主，开始注重精神	物质满足和精神满足	以精神满足为主，以时间为指向
人际关系	原则	创新原则	最佳原则+创新原则	最佳原则
	最密切的人际圈	战友、同学、同事	亲友、同乡、同事、同学	亲友、同乡、同学、邻居、同事
	关系的性质	不带强制性，可任意选择	强制性，难以选择	强制性，选择性小
工作方式	人才选拔	自由竞争	自然更替	领导任命
	决策系统	平行决策+垂直决策	平行决策+垂直决策	垂直决策，上行下效
	法律意识	极强	强	弱

资料来源：王朝晖.跨文化管理概论[M].机械工业出版社，2020.

美国的企业文化与管理特点

美国民族文化的个人主义特点决定了美国的企业文化以个人主义为核心，企业对员工的评价也是基于能力的，加薪和升职只看能力和业绩，不考虑年龄、资历和学历等因素。其特点主要体现在以下几个方面：

1. 追求卓越与变革的创新文化。
2. 追求利润最大化是企业的终极目标。
3. 强调个人价值的自我实现。
4. 推崇英雄主义。
5. 重视法律与契约。

日本的企业文化与管理特点

日本是岛国，日本人思想观念统一但并不守旧，革新精神强，大量吸收了西方文化中重视科学技术和理性管理的思想，并与自己的传统文化做了结合。日本企业文化的精髓就是"人和""同心""忠诚"。

1. "人和"：企业内部倡导员工和睦相处，合作共事，反对内耗。企业上下一致地维护和谐，互相谦让，强调合作，反对个人主义和内部竞争。

2. "同心"：企业被看作是一个大家庭，社长是家长，员工是家庭成员，全体员工互敬互爱，共同经营事业和生活。集体决策，取得一致意见后才做出决定。出了问题，也不归咎于个人。

3. "忠诚"：企业对员工实行终身雇佣制和年功序列工资制。员工富有集体主义精神，尽忠职守，拼命工作，与企业结成命运共同体。

中国的企业文化与管理特点

中国已经形成了不同于西方和亚洲其他国家的独特的企业文化。从总体上说，中国的企业文化建设处在起步阶段，"人治"仍然比较普遍，在一定程度上制约了全球化所提倡的制度化和流程化管理。中国的企业文化也更重视伦理，凸显了强烈的道德色彩，同时强调集体利益与归属感，以及对和谐的追求。

跨文化管理的常见问题和建议

一、跨文化管理中常见的问题

中国企业全球化过程中的外派员工和管理者，普遍容易在以下几个日常的工作场景中出现跨文化沟通与管理的问题：

场景1：中方员工不会讲当地语言或英语不熟练，与当地员工有沟通障碍，经常鸡同鸭讲，造成理解偏差，逐渐形成中方和当地员工"两层皮"的情况。

场景2：早晨到办公室时，中方员工普遍内敛，不喜欢身体接触，不会主动与当地员工打招呼、握手，更无法接受按照当地礼仪拥抱或行贴面礼。要么直接开始工作，要么只与其中一两个人打招呼，容易忽略他人。

场景3：中方员工到办公室工作时，着装往往随心所欲，比如穿牛仔裤、旅游鞋。

场景4：中方员工在召开部门会议时常常不守时，经常私下讲中文或者直接讲中文，完全无视当地员工。在当地员工发言时，中方员工喜欢打断对方，直接强加观点给对方。当地员工发言会充分表达，中方员工则会话说三分。

场景5：中方员工在办公室日常工作过程中，易向当地员工询问一些敏感问题、政治问题或宗教问题，或是询问女员工是否结婚、有没有孩子等私人问题。

场景6：中方员工在办公室日常工作过程中，对于当地员工提供的帮助不习惯说"谢谢"，而当地员工无论大事小事都喜欢把"谢谢"挂在嘴边。

场景7：中方员工在第一次见客户时，喜欢带贵重的见面礼，让对方尴尬；会议结束后与客户聚餐时，往往不断追问客户对项目合作的意见，把话题拉回工作，不理解为何当地员工与客户聊那么多与项目无关的话题，并对"无关"话题表现出不耐烦。

场景8：下班后，当地员工邀请中方员工到附近酒吧喝一杯，中方员工要么不去，要么不知道要自掏腰包，以为是对方请客。

场景9：周末，当地员工邀请中方员工到家里聚餐，中方员工通常会提前到，且一般不知道应该带伴手礼。

场景10：中方主管与当地员工沟通工作任务时，不习惯把任务背景和具体需求讲得清楚、详细，而是让当地员工自己去揣摩或者领悟。当意见不一致时，中方主管往往简单粗暴地用自己的权威压制对方，不让当地员工充分表达意见。

华为是中国企业全球化的标杆，从商业成功的角度来看堪称完美。我在《华为全球化》一书中已对其十五大成功经验做了分享。华为跨文化管理已经有了近30年的积累，截至2023年年底，华为全球员工总数超过20.7万，来自全球162个国家和地区。华为非常重视本地化建设，2021年在海外各国共招聘当地员工4万多人，海外部门的员工本地化率为64%，这个数量遥遥领先于其他中国企业。华为重视员工的多样性，致力于建立一个包容的、机会平等的工作环境。华为也非常尊重各类员工的生活方式，尽量为员工提供满足其风俗、信仰和生活习惯的便利条件。

但是就跨文化管理这个领域，根据我长期的亲身经历和离职后的访谈，大部分人得出的结论是华为仍然有很大的提升空间。华为遇到过的跨文化挑战,其他中资企业也正在经历。任正非曾多次批评中方外派员工不够融入海外当地文化,不好好利用在当地工作的机会学习当地语言,不多去了解当地风土人情,吃饭时吝啬给小费,不习惯去当地歌剧院听听歌剧以提升艺术修养等。虽然华为外派员工会在一个国家工作多年,但绝大多数人是不学习当地语言的,因为他们觉得,反正过几年就要被派去另外一个国家,学了语言也没有用,用英语交流就足够了。

2014年春节后,我在华为总部参加华为大学高研班培训,遇到一位早年曾被外派到拉美的公司领导,就问他:"为何华为全球化这么多年,还一直不断外派中方员工,没有进一步提升本地化管理,让海外部门主要由当地员工来管理,从而避免中外方'两层皮'的情况?"之所以提出这个问题,一方面是因为2002年我在位于德国斯图加特的索尼欧洲高科技中心工作,亲身经历了当时如火如荼的索尼全球化。索尼在德国的公司从总裁到普通员工,基本都使用了当地招聘的员工,从日本外派的员工屈指可数,而且不一定担任部门重要职务。另一方面,2005年年初我被华为总部外派到欧洲地区部时,总部的部门主管是这么对外派人员说的:"你们到了海外之后,要以最快的速度教会当地员工企业的业务和流程,因为你们最后都是要回总部工作的,法国的业务就让法国当地员工负责,英国的业务就让英国当地员工负责。你们未来的职责就是在总部做好管理工作,定期出差支持一下业务即可。"

这位领导笑着回答说:"……为什么呢?因为中国人价值观一致,效率更高啊!"他接着解释说,总部的整体战略制定后,每年的年度目标都定得很高,一层层往下传递,有条件要完成,没有条件创造条件也要完成。这么多年里，华为的营收每年都在以30%以上的速度增长。目标完成后，公司的激励也非常到位，员工干劲十足，形成可持续发展。如果是当地员工担任国家主管，那么高的目标，他们连承接都不会承接。让他们攻克一两个"山头"还可以，谁能够像中方外派员工那样长年累月地像野战军一样不断"攻城略地"呢？不要忘了"长期坚持艰苦奋斗"是华为的核心价值观。

2022年10月28日，我在华为欧洲约见了一位负责人力资源的外籍高管。她2005年就入职华为欧洲，我从那时就和她共事，经常和她一起给各国新入职的当地员工做入职培训，看着她在华为一路晋升到了管理岗位，内部的口碑非常好，是非常资深的华为欧洲当地员工之一。她对华为的跨文化管理情况非常有发言权，她的点评也可谓另辟蹊径、入木三分。她认为，华为的跨文化管理问题可能不一定是华为特有的，而是中国企业和中方外派员工共有的。中方外派员工与欧洲当地员工最大的区别就是：中国人的工作和私人生活是合二为一的，中方外派员工下班后和周末仍然是在聊工作，相互之间只有同事关系。这与欧洲人不同。欧洲人下班后就是私人生活时间，他们一般有两个手机，下班后和周末是可以关闭工作手机的。中方外派员工则通常24小时开机，这恐怕是中国企业员工的普遍情况。中国人工作是为了赚钱，而欧洲人工作是为了更好地享受生活。中国人的这种奋斗者文化，不是每个欧洲人都能长期接受并理解的。

2023年11月25日，我在西班牙马德里见了一位当年的老客户，他退休后给华为做顾问，既有当年华为客户的视角，又有现在华为员工的视角。当我问到他对华为跨文化管理的感受时，他非常坦诚地分享了自己的观察。他认为，华为是一家业绩指标导向的企业，目标清晰、奖罚分明、一视同仁，从领导到员工都聚焦于自己的业绩指标，因为收入直接和绩效指标挂钩。从业务角度来看，华为不断"攻城略地"，所向披靡，取得了商业的成功。但是中方主管普遍业务压力非常大，没有额外的时间和精力来关注当地员工在公司内是不是舒服，导致一些新入职华为的当地员工因为不理解这种文化而非常苦恼，又没有人及时开导，所以就离开了。另外，由于企业轮岗的需要，近年来很多欧洲的中方外派干部是从新兴国家或艰苦地区调来的，他们之前熟悉的文化和欧洲文化有着天壤之别，但他们仍然习惯性地按照自己熟悉的方式去管理欧洲当地员工，这样自然就会出现很多跨文化管理的问题，而干部本人浑然不觉。

由此可见，在中国企业全球化的过程中，中方管理者从总部到一线，普遍追求业绩和效率，认为时间就是金钱；而西方人普遍的价值观是享受生活，工作只是生活的一部分。这是非常不同的。除此之外，中国的企业文化普遍受中国的传统文化影响很大，企业管理提倡灰度管理，讲究中庸。中国人的为人处世之道的确让人舒服，但这对于企业的全球化发展可能是不利的。人与人之间的交往可以是"你好我好大家好"，但对于快速发展的全球化企业来说，有意见最好简单直接地坦诚相告，并且应不断解决问题，即使这会让同事之间发生龃龉。相对而言，西方人在会议上争归争、吵归吵，会后还是会开开心心地一起去酒吧喝一杯，达成一致了就去执行，这种简单直接的沟通其实更加行之有效。事实也证明，西方企业的全球化往往比中国企业更成功，因为它们的文化可以在全球范围内大规模复制。西方企业提倡制度和流程管理，有理有据，井井有条；中国人在说话和提意见时都会有所保留，先揣摩领导和同事的意见，表达时留有余地，导致问题总是得不到彻底的暴露，因此也无法解决。所谓灰度管理的度，无论是管理者还是下属都很难把握，因为每个人都可以有不同的理解。长此以往，企业管理就不完全靠制度和流程，而是更多地靠领导的管理"艺术"和下属的揣摩，从而造成较大的内耗。

二、对跨文化管理的建议

长期坚持跨文化培训

跨文化培训是非常有必要的，它可以让中方员工在外派前就了解企业在哪些国家开展了业务，这些国家的文化是怎么样的，与中国文化的主要差异是什么。只有先充分理解了当地文化的辉煌历史和现状，员工才能心甘情愿地去尊重，也才能知道如何效仿当地人的做法，入乡随俗。更重要的是，通过跨文化培训，员工可以掌握很多跨文化沟通的技巧，对如何处理复杂的跨文化沟通问题有所了解，避免尴尬，甚至可能避免法律纠纷。尽管全球有197个国家，但是欧洲大部分国家有很多类似之处，美国与英国、加拿大、澳大利亚、新西兰等英语国家有很多类似之处，拉美国家和西班牙、葡萄牙有很多类似之处，中东国家之间有很多类似之处，非洲国家之间亦有很多类似之处。

除了培训中方员工了解海外文化，向海外招聘的当地员工讲解中国文化也不容忽视，毕竟他们是在中国企业工作，对中国独特的企业文化和价值观必须适应。我在华为工作的早期，经常协助欧洲人力资源部对当地新入职员工进行文化培训，"欢迎来华为"这门课讲述华为公司的使命、愿景、核心价值观和发展历程等，"中国传统文化和经济发展"这门课讲述中国的传统文化和改革开放以来的经济发展成就等。2021年以来，我一直协助一家新能源企业的全球化战略落地，每年都会去其海外机构出差，也会为当地员工进行相关的中国文化培训（见图 5-1）。2022年9月，我给巴西的当地员工做了关于中国文化和经济发展的培训。大部分海外员工没有来过中国，对中国知之甚少但充满好奇，自从加入该公司后，他们的家人和朋友都会问，为何加入一家中国企业，他们不知道如何回答。培训让他们了解到了中国悠久的历史和灿烂的文化，更重要的是改革开放以来取得的经济奇迹、中国在新能源领域的全球引领地位等；继欧美日韩企业的全球化后，中国企业的全球化浪潮已经掀起，一想到未来巴西将有越来越多的中国企业，作为巴西最早一批拥有中国企业工作经验的当地员工，他们将来的职业发展将是一帆风顺的。这些事实让他们热血沸腾，一下子感到自己在不经意间做了一个明智的决定，非常愿意在公司长期发展。

图 5-1　海外员工培训

长期鼓励员工学习外语，并组织培训

语言是跨文化沟通的工具，而英语又是国际通用语言。如果企业的中外方员工的英语都很好，那跨文化沟通的障碍至少消除了一半。欧美日韩企业在全球化过程中，无一例外都把英语作为企业内部的通用语言。但从企业角度来看，一定要鼓励员工坚持学习外语，一方面是加强中方员工对当地语言的学习，另一方面也要同步加强海外当地员工对中文的学习。企业可以鼓励员工自行报班学习，报销相关费用，也可以直接组织定期的语言学习班。2007年年初，300多名华为中方员工和家属搬迁到了德国的杜塞尔多夫。为了方便大家的工作和生活，欧洲行政部组织了每周一次的基础德语学习，老师就由公司内部的当地员工轮流担任。中方员工和当地招聘的留学生都积极参与学习，听课的员工和家属济济一堂，热闹非凡。而关于华为海外当地员工的中文学习，我在出差过程中发现，很多代表处都会邀请专门的中文老师到办公室，每周定期授课。值得一提的是，华为海外的中外方员工也会自行组成语言学习互助小组，也就是中方员工协助当地员工学习中文，当地员工协助中方员工学习当地语言，各取所需，一举两得，还促进了中外方员工内部关系的融洽。

相比外方员工的语言学习，中方员工对当地语言的学习显得更加重要，因为毕竟是在中国企业，中方员工往往担任管理职务。我在2000年大学毕业出国时只会一门英语，到墨西哥10个月后就可以熟练地讲西班牙语了。2001年我去德国留学，即使是英文授课，我也自学了德语。2004年到法国工作，我就在工作之余见缝插针地学习了法语。在长期的海外出差过程中，无论是在飞机还是火车上，我一定会抓住机会和周围的人搭讪聊天，事实证明，每次都有意想不到的收获，我也学到了很多书本上没有的新东西，交到了很多新朋友。这是我学习语言最大的乐趣，也是我长期坚持语言学习的精神源泉，学习中的困难自然也就不值一提了。经常被问到学习外语的心得，我的经验是：

1. 兴趣是最好的老师。

2. 忘记自己不会这门语言。不纠结语法细节，不追求完美主义，本着实用主义原则，直接通过常用的语句和短语来学习语言。

3. 避免闭门造车。一定要创造学习和交流的场景，多听、多读、多说，熟能生巧。例如看短视频、电影和电视剧等，学习和模仿语言，抓住一切机会在工作中和身边的同事聊天，多和当地同事喝咖啡，周末多交当地朋友，出差多和身边的当地人聊天，不怕犯错误。

4. 长期坚持，不断重复，确保每天都进步一点点。

5. 把自己的朗读和交流的发音录下来，重复听，找到问题点，持续提升，确保发音清晰、准确。

邀请当地骨干员工到中国工作

每年，人力资源部可以挑选出一批优秀的海外当地骨干员工，邀请他们到中国总部工作一段时间，作为一种精神激励。这是一种非常好的提升跨文化管理水平的方法。当地骨干员工普遍非常愿意到中国工作一段时间，因为通过在总部的工作，他们可以充分了解企业的业务与流程、企业文化和核心价值观，认识总部的相关领导和同事，也可以充分接触中国文化。这甚至是一次非常好的来中国旅行的机会。他们回到当地后，就会主动宣传企业文化、核心价值观和中国文化，这将大大促进海外部门的跨文化管理水平。同时，海外当地员工到中国总部工作，也是一次让总部领导和同事充分了解海外一线情况和客户需求的好机会，还可以提升总部员工的英语沟通能力和跨文化管理能力。人力资源部也可以组织一些跨文化团建活动，让双方充分融合。

在日常工作场景中，给中方外派员工的建议

中方员工到海外工作后，一定要保持守时的良好习惯。早晨到办公室后，应按照当地习俗，先与办公室里的当地员工一一握手、拥抱、打招呼并做简单交流，然后再开始工作；如果当地员工晚到，也要对他们的寒暄一一回应，再开始一天的工作。工作日的着装一定要职业化，见客户更要穿正装甚至打领带，有的地方周五可以穿休闲服饰。工作时间避免在办公室大声讲电话，或者与同事用中文大声喧哗。沟通工作时应让当地员工充分表达，尽量不打断，充分了解当地员工的想法。遇到意见不一致时，及时沟通，开诚布公，就事论事，双方充分表达意见，保持目标一致，适度妥协，尽量避免强加观点给对方。在工作过程中避免对当地员工的隐私刨根问底，尤其是对女同事，千万不能问及其私人问题；同事间也要避免讨论敏感话题或政治、宗教话题。如果当地员工对中方员工提供了帮助，不管事情大小，一定要及时表示感谢。下班后，如果当地员工邀请中方员工到附近酒吧喝一杯，可以适度参与，但要采取AA制或者轮流买单。如果当地员工邀请中方员工周末到家里聚餐，尽量不要提前到，除非对方要求提前过去帮忙，否则稍微晚到一点比较合适，以便对方在家里有充分的时间准备。另外，最好带上伴手礼，例如红酒、巧克力、鲜花或儿童玩具等。

如果掌握了要领，和海外当地员工打交道是非常容易和轻松的，遵守简单坦诚的原则即可。在工作的配合上，还要遵守"说到做到"的原则：如果当地员工让你协助某项工作，那么你能做就做，如果没有时间或者无法完成，一定要及时坦诚相告，千万不要不好意思拒绝，耽误项目的进度，也千万不要敷衍了事。

在日常工作场景中，给中方外派主管的建议

中方外派主管在跨文化管理中承上启下，至关重要。他们既要传承企业文化和核心价值观，也要以身作则、身先士卒，充分起到榜样的作用。在日常工作过程中，主管一定要一视同仁，尽量不要明显地区别对待。布置任务时，一定要反复地讲清楚任务背景和目的，充分聆听员工的反馈意见，对其意见要进行充分讨论。达成一致后再让他们执行任务，方可事半功倍。如果当地员工工作完成得好，不管大事小事，一定要及时表扬，给予认可，精神激励对当地员工尤其管用。沟通绩效考评时，一定要注意细节，开诚布公、有理有据地指出员工好的方面和有待改进的方面，千万不要含糊其词，以为是给对方保留面子，其实只有赏罚分明才能建立高绩效的跨文化团队。对于企业的日常管理，中方主管要尽量通过已经发布的制度来管理，避免主管为了体现自身的权威，事无巨细都想参与，都想做判官。这种靠个人喜好和个人意志来管理的方式，会让当地员工非常不适。要尽量做到充分尊重当地员工，多鼓励他们，避免让对方去揣摩和领悟主管的想法，更要尽量建立与当地员工的私人感情，而建立私人感情的最简单有效的方式就是多和当地员工一起吃饭，多搞团建活动。

中方外派主管管理海外当地员工的最高境界就是：欣赏个体差异，通过长期的观察与合作，在充分了解对方能力和品德、清楚对方职业诉求的基础上，对优秀的当地员工给予充分的信任，在企业允许范围内给予其在人、财、物上的实际授权，鼓励对方去完成一些重要的项目，挑战一些重要的战略目标，只要风险可控就充分给予其空间，成功后也在精神和物质层面充分激励对方，且不与下属抢功，真正无私地助力其职业发展和成功。

跨文化管理是中国企业全球化升级过程中的巨大挑战。与之相比，全球化的战略、先进的工业技术、国际化的管理经验等都属于企业管理范畴的硬实力，中国人聪明勤奋，最擅长的就是学习先进，改革开放后我们取得的经济成就足以证明这一点。但是跨文化管理却是"冰冻三尺，非一日之寒"，我总结了海外跨文化管理的三步法则：第一步是理解当地的文化；第二步是尊重当地的文化；第三步是效仿当地的文化。

这三步其实就是我们中国人熟悉的"入乡随俗"这个词。事实上，中国企业的很多外派员工都是因为企业全球化策略而被迫走出国门的，因此出国后他们往往一心扑在业务上，满脑子都是销售指标和工作任务，毫无了解当地文化的心思。即使初步了解了，也不愿意尊重当地文化、改变自己，往往会我行我素、简单粗暴，更不用说去效仿当地文化了。所以"入乡随俗"说起来容易，做起来就不那么容易了。很多人不愿意那样做，因为觉得没有必要，毕竟是在中国企业工作。

要想提升跨文化管理水平，除了中方员工"入乡随俗"，还需要当地员工"相向而行"。当地员工必须融入中国企业的企业文化，理解其核心价值观，真正了解中国的历史和文化，了解中国改革开放以来取得的成就，了解中国同事的行为模式，了解企业的战略和目标，从而为共同的商业目标发挥各自的优势。

06
合规管理与 ESG

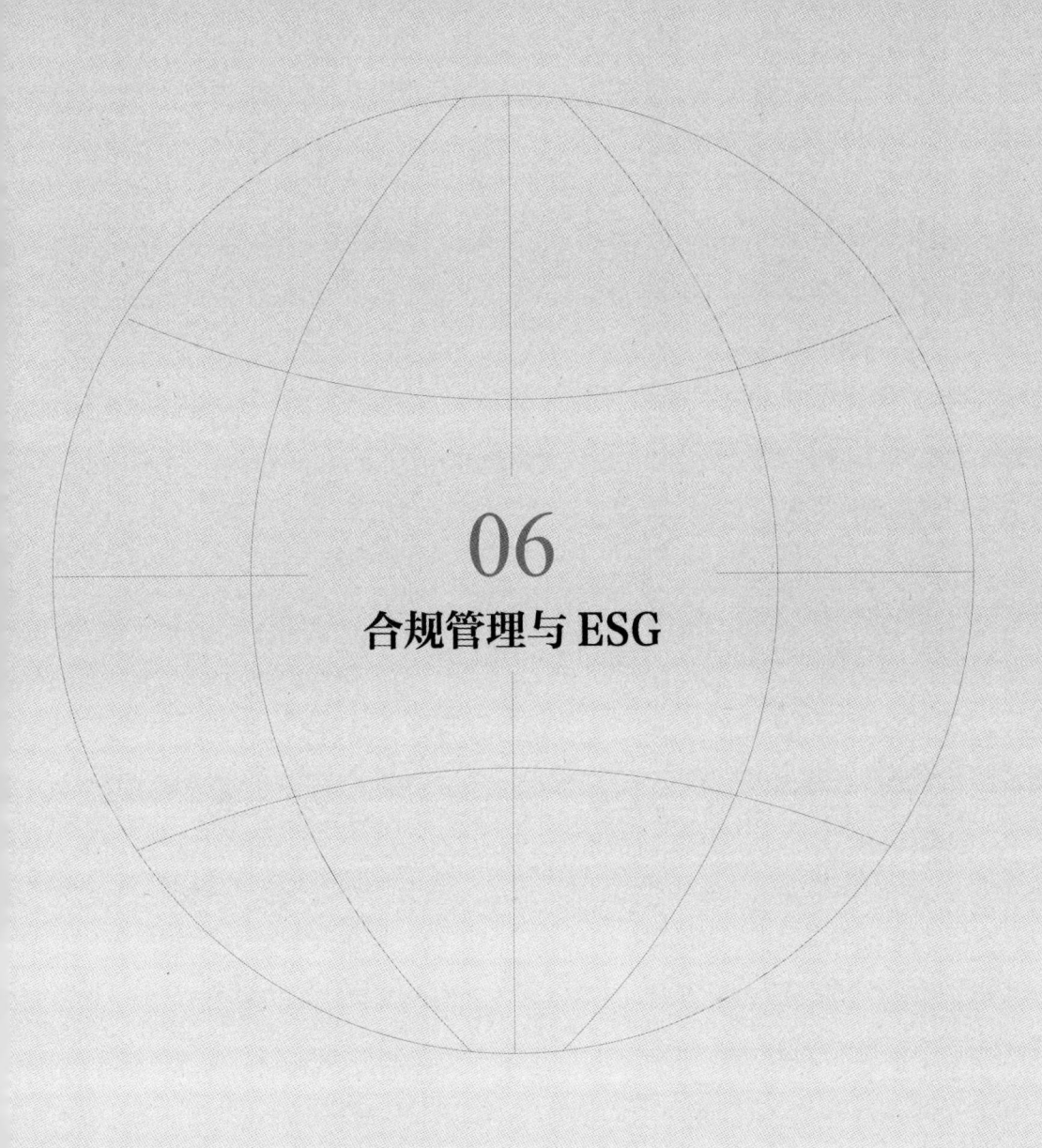

合规管理

相比普遍不重视跨文化管理的情况，中国企业非常重视合规管理，尤其是央企和国企，往往认为合规管理是重中之重，是红线也是底线。事实上，在企业全球化过程中不可避免地会遇到各种各样的合规问题。企业普遍会问的问题是："如何以最快的速度了解当地的法律法规，并且做好合规管理？"但世界各国有着林林总总的法律法规，企业出海前和出海后都不可能完全掌握，也没有什么捷径，需要投入时间逐渐积累经验。

海外合规管理有三大原则：

1. 长期培训与实用主义。保持长期的合规培训，不断提升员工的认知。但企业不可能了解所有国家、所有类别的法规，更不可能不犯错误。所以，企业出海去哪里，就学习哪里的法规；哪方面容易犯错误，就培训哪方面的法规。

2. 有一定海外业务规模的出海企业，一定要建立有效的风险管理体系，并落实在业务流程和业务策略中。在大海里能更快学会游泳，企业在成长过程中不可能不犯错误，关键是不要犯致命的错误。

3. 保持与专业法律机构的长期合作，一旦遇到致命问题就及时求助专业法律机构。切莫"捂盖子"，或者在最后一刻病急乱投医。

一、合规的意义

随着中国企业在国际市场上的扩张步伐加快，合规管理成为一个容易被忽略的关键领域。合规问题不再是偶发的小概率事件，而是变成了一种普遍现象，那些忽视合规管理的企业往往会遭受巨额罚款。在中美贸易摩擦和贸易保护主义的背景下，加之后疫情时代的各种影响，中国企业在海外运营时面临的监管压力、风险和违规成本都在不断增加。

截至2023年5月，已有179家中国企业因涉嫌欺诈、贿赂等违规行为，被禁止参与世界银行资助的项目，其中包括一些知名的大型国有企业。中国国际贸易促进委员会发布的《2023年中国企业对外投资现状及意向调查报告》显示，近80%的企业在东道国的投资和经营活动中遭遇了合规方面的挑战，超50%的企业设立了独立合规部门；从企业规模看，行业龙头企业（89.4%）、大型企业（87.4%）和中型企业（70.7%）在出海过程中遇到合规问题的概率较高；中国企业在出海过程中，遭遇的前5类合规问题依次是（见图6-1）：税务审查（59.5%，较上年上升33.5%）、环境保护（51.7%，较上年上升29.7%）、劳工权利保护（45.9%，较上年上升11.9%）、市场准入限制（45.0%，较上年回落13%）、外汇管制（39.9%，较上年上升3.9%）。

在应对海外合规风险时，企业通常会寻求多方面的支持和帮助，以解决合规问题。解决合规问题的主要途径按优先级排序如下：一是中国政府的相关部门，二是中国驻外使领馆的商务机构，三是中国的贸易和投资促进机构及商会和行业协会，四是外国政府及其贸易和投资促进机构，五是企业自身的努力和资源。

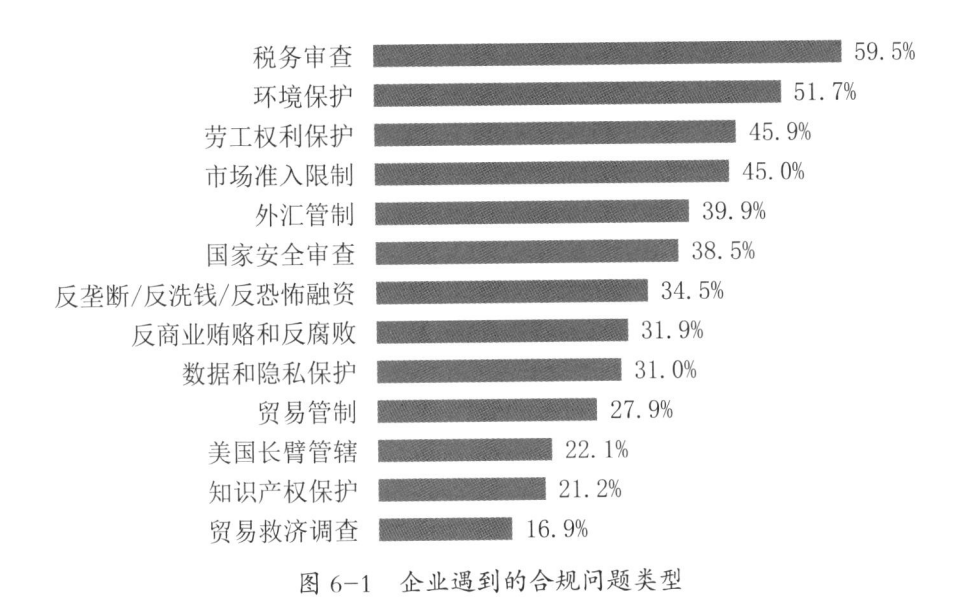

税务审查	59.5%
环境保护	51.7%
劳工权利保护	45.9%
市场准入限制	45.0%
外汇管制	39.9%
国家安全审查	38.5%
反垄断/反洗钱/反恐怖融资	34.5%
反商业贿赂和反腐败	31.9%
数据和隐私保护	31.0%
贸易管制	27.9%
美国长臂管辖	22.1%
知识产权保护	21.2%
贸易救济调查	16.9%

图 6-1 企业遇到的合规问题类型

二、海外合规的常见问题

产品准入问题

企业出海，首先要明确产品目的国市场的准入规则，满足相应国家的法律法规要求（销售许可、产品认证、商标知识产权、安全环保、标签标识、包装等），这是确保产品可以顺利出海的前提条件。表 6-1 对欧盟、美国和日本等主要目的国市场的一般法规要求做了总结。

表6-1 欧盟、美国、日本市场的一般法规要求与涉及品类

国家和地区	法规要求与涉及品类（节录）
欧盟	CE（欧洲合格认证）：大部分在欧洲经济区销售的产品都需要印上CE标志
欧盟	ROHS（欧洲危害性物质限制指令）：<1000v AC/1500v DC设备如家电、通信设备、医疗设备等
欧盟	WEEE（废旧电子电器设备指令）：<1000v AC/1500v DC设备如家电、照明、玩具、医疗设备等
欧盟	RED（欧洲无线电设备指令）：无线电设备等
美国	CPSA（消费品安全认证）：儿童玩具、家电等日用消费品
美国	FCC（联邦通信委员会认证）：可能产生无线电干扰的电器等
美国	FDA（食品和药物管理局认证）：食品以及医疗器械等
美国	EPA/DOE（美国国家环境保护局认证/美国能效认证）：家电、卫浴类产品等
美国	USDA（美国农业部有机认证）：有机食品及农产品等
日本	PSE（电气产品认证）：家用电气用品等
日本	TELEC（电波法认证）：蓝牙及Wi-Fi类产品等
日本	ST（玩具安全标准）：玩具类产品等

资料来源：普华永道.电商上市税务系列（二）：从海关视角盘点出口跨境电商全流程合规要点，助力企业行稳致远[EB/OL].（2022-05-26）[2024-12-12].https://mp.weixin.qq.com/s?__biz=MzA3NDE4MjAxNQ==&mid=2654837048&idx=2&sn=93252466e008fb5182de790da045ff5c&chksm=84ca8528b3bd0c3e1573823383f654bbc50427e384c8b83e9ab6eeb31d11f8a32b0ab85bb2ea&scene=21#wechat_redirect.

2020年，加利福尼亚州（简称"加州"）政府以较低的价格向比亚迪订购了约4亿只口罩，并预先支付了约5亿美元作为定金。比亚迪按照合同生产并发运口罩至美国后，加州政府却声称，由于比亚迪尚未获得美国国家职业安全健康研究所（NIOSH）的认证，他们将等待认证机构发放认证后才接收口罩。由于认证的延迟，比亚迪的交货时间超出了合同规定的日期，加州政府因此宣布比亚迪违约，并要求其支付退还一半的定金。加州政府与比亚迪

签订了新的合同，同意将合同延期到当年5月31日。值得一提的是，美国所要求的认证标准是NIOSH的N95口罩认证标准，与中国的KN95标准在口罩对面部的压力、呼吸阻力等方面略有差异，但在最关键的过滤效率指标上，两者都达到了95%，因此KN95口罩与N95口罩在核心性能上并无显著区别。遗憾的是，比亚迪在5月31日依然未能获得认证，双方协商后再次将合同延期。最终，比亚迪在2020年6月8日获得了所需的认证，成功完成了这一"最大的口罩出口订单"。

产品质量问题

中国产品"走出去"的过程中，涉外产品质量纠纷接踵而来。一方面因为中国企业往往通过低价赢得国际订单，为了保持一定的利润，产品质量可能有所下降；另一方面，中国企业普遍对海外法律法规不了解，尤其是海外发达国家的各项法律法规都严于中国，消费者的维权意识也相对较高，由此导致巨额罚款的案例频频出现。建议企业在进入海外市场前先做好调研，包括市场调研、标准调研和律所调研，并制定突发事件应急方案。

中国某建材企业1997年在深圳证券交易所上市，现在已发展成为全球最大的石膏板产业集团。2009年，公司启动全球化，然而没有想到的是，同年，美国的一些房屋业主和建筑公司对这家建材公司及其子公司提起了诉讼，指控其石膏板存在缺陷，并要求赔偿因所谓的"质量问题"导致的各种经济损失。尽管该公司坚决否认其产品存在任何质量问题，并声称其产品已经获得了包括美国、英国在内的多个国家的质量认证，但其2019年的财务报告显示，为了支付美国石膏板相关的诉讼和解费用、法律费用等，该公司共计花费了19.4亿元人民币。长达十数年的海外诉讼对于企业来说是一场严峻考验，值得每个出海的中国企业吸取教训。

中方员工签证问题

签证绝对是横在中国企业出海面前的第一道坎，不妥善解决这个问题，一切都无从谈起。中国员工无论是去海外出差还是常驻，都要先获得签证，而签证问题从来就不是费用问题，也不是企业重不重视的问题，而是涉及国家外交政策的问题。这远远超出了企业和员工能解决的范畴。2005年，我被华为外派到欧洲。尽管我已经拿到了英国工作签证，但由于经常前往欧洲其他国家出差，而当时的申根签证只有3个月，且东欧的捷克、波兰、罗马尼亚、保加利亚等国都要单独申请签证，有效期也只有3个月，所以每次出差，我都需要提前1~2个星期在申请国大使馆网站上申请，填好所有的资料和表格，打印银行工资流水，并预约大使馆的面签。当时的护照页还少，只有32页，以至于2006年一年时间里我就用完了一本护照页，不得不重新申请护照。相信所有持中国护照的出境人员都有类似的经历，但也无能为力。新冠疫情期间的签证申请，毫无疑问是多年来最难的，即使是疫情后的2024年，签证也远没有恢复到疫情前的状态。

对于经常需要多国短期出差的人，我建议申请能够多次往返的商务签证，例如美国10年签证和申根签证。有了这两种签证，大部分拉美和亚太国家都可以去。但要特别注意的是，持有这类签证只能参加短期的海外子公司商务活动、会议，或者是拜访客户，不能长期在海外工作。海外子公司对持有这类签证的员工最好设置一个单独的区域或办公室，以规避相关执法部门的检查。

对于已经确定要在海外常驻的员工，凡是超过3个月的，建议从确定人员后就启动工作签证的流程，因为长期签证一般等待时间比较长，需要准备的材料也比较多，例如学历证明的翻译和公证等。在等待签证期间，护照一般是不需要上交的，所以为了尽快前往海外开展工作，员工可以在工作签证申请下来之前，先申请短期的商务签证，等工作签证下来后再回国贴签。事实上，工作签证的申请并不容易，因为许多国家对中国员工与当地员工的比例有严格的规定，甚至拒绝外国员工进入其市场。大部分情况下，不是中国员工不愿意申请工作签证，而是签证等待时间太长，无法满足企业的业务发展需求，也可能是当地雇佣的当地员工数量少，不能申请更多的中国员工工作签证。众所周知，华为的全球化进度在2000—2010年加速，这10年里多次出现海外办公室被东道国警察包围、突击检查工作签证的情况，给很多持商务签证的中方员工带来了终生难忘的回忆。无论是巴西的圣保罗办公室、肯尼亚的内罗毕办公室，还是荷兰的阿姆斯特丹办公室，最后事件往往需要当地中国大使馆出面协调，企业还要因此缴纳罚款等。这些情况也一度让一些国家成为员工不愿出差的目的地。

当地员工解雇问题

解雇当地员工，有可能是员工有工作表现方面的问题，也有可能与员工本身的表现无关，而是企业业务调整或者企业搬迁至其他国家造成的结构性裁员。如果某个当地员工无法按照合同要求保质保量地完成工作，或者长期无法实现企业期待的绩效目标，企业当然有权利选择解雇该名员工。但企业如果决定解雇某个当地员工，首先要做的就是确定解雇的真实原因，将责任划分清楚。这一行为涉及当地的劳动法和就业法，将直接决定雇主需要提供的离职补偿方式及金额。

如果责任在当地员工方，那么企业需要明确保留员工不尽责的相关证据，或者没有实现企业期待的绩效目标的沟通和辅导记录，否则很容易引起纠纷和诉讼。事实上，大部分中国企业的外派高管习惯了国内简单直接的管理方式，一旦员工工作结果或工作态度不符合预期，就希望尽快解雇。当地员工的解雇虽然有法可依，但大部分中国企业外派高管由于事务繁忙，进行相关操作时往往忽略细节。在日常沟通中，由于中国文化倡导中庸，中国高管往往不会直接指出当地员工的问题，当当地员工问及工作反馈时，中方主管容易习惯性、礼貌性地说"OK（可以）""Very good（很好）""Congratulations（祝贺）""Thank you for your contribution（感谢你的贡献）"等。这些言论如果被当地员工收集起来，很容易形成对企业不利的证据。所以最佳做法是，当业务主管对某个当地员工的表现非常不满意时，一定要发出第一封正式警告信，并约HR（人力资源）组织一次正式的沟通会，直接当面沟通清楚对员工的哪些方面不满意，希望做到怎样，给予其一定的改正期，1~3个月后再做下一次的辅导和沟通。如果之后员工表现令人满意，则皆大欢喜；如果仍然不满意，继续发第二封警告信。一旦3次警告未果，则可以合法解雇。欧美各国的员工终止雇佣法律不尽相同，而且都比较严格，若无法按正确的程序操作，忽略了相关细节，则可能导致巨额罚款或赔偿。若企业能够按照法律法规正确地操作，那么员工获得了离职补偿金后，双方就可以友好地分道扬镳了。

值得强调的是，对于当地员工的解雇，一般情况比较复杂，会有很多综合因素。除了以上的流程问题，还非常容易面临以下常见的风险。例如，基于性别、年龄或种族等歧视性因素解雇员工，几乎在世界各地都是非法的，而感到受到歧视的被解雇员工，往往都会拿起法律武器对前雇主提起歧视诉讼。不当解雇诉讼，指员工因非法原因被解雇，不同国家对不当解雇的定义有所不同，因此真正了解当地就业相关的法律法规就显得尤为重要了。不当解雇的例子包括解雇员工时违反合同或违反企业政策。还有一种风险是企业声誉受损。不当的当地员工解雇问题可能会导致负面报道，进而对企业声誉产生严重的负面影响。防范这些风险的最佳方法就是不断对各级主管和HR进行相关培训，做好对员工绩效目标的沟通和辅导记录。

以下是一个中资企业在尼日利亚解聘当地员工而引发纠纷的典型案例。2019年2月4日，尼日利亚员工朱利安·伊莫（Julian Imoe）加入了一家在当地的中国公司。2020年3月12日，朱利安被强制休假，公司没收了她的公司钥匙和电子邮箱。朱利安通过律师，要求公司支付拖欠的工资和福利。2020年6月25日，该公司又在没有通知她的情况下解雇了她。为此，朱利安将涉事公司告上法庭。案件审理期间，该公司代理律师表示朱利安在2020年3月13日至6月25日，并没有到公司上班，因此无权获得任何工资和福利，而且朱利安是因不服从公司指示被解雇的。尼日利亚哈科特港法院主审法官波利卡普·哈曼（Polycarp Harman）在听取陈述后裁定，涉事中国公司要支付朱利安126万尼日利亚奈拉（2020年约25000元人民币）的未付工资和休假津贴。法官强调，在尼日利亚，企业在没有通知员工的情况下突然终止雇佣合同，是非法行为。

隐私保护问题

2018年5月25日，欧盟出台了《通用数据保护条例》（GDPR），该条例的核心目标是保障欧盟居民的个人信息和隐私权利，并规定了个人数据的收集、使用、处理和存储方式。GDPR适用于所有处理欧盟公民数据的组织，不论其是否位于欧盟境内，可以被看作"长臂管辖"的体现之一。违反GDPR规定的企业可能遭受高达1000万欧元或企业上一财年全球总营业额2%的罚款，两者取其高者。若企业不遵从监管机构的指令，罚款更可能高达2000万欧元或企业上一财年全球总营业额的4%，同样取二者中的较高者作为罚款金额。

GDPR对中国企业的影响很大。例如：中国企业需要投入更多成本和资源来加强对个人数据的保护，包括建立内部数据保护机制、加强数据安全技术和管理、培训员工等；中国企业如果未保护好欧盟居民的个人数据，品牌声誉和信誉就会受到影响，且会对企业的长期业务产生负面影响；中国企业如果违反GDPR，还将面临欧盟监管机构的处罚和罚款。隐私保护越来越受到全球的关注，隐私合规值得每一家出海企业持续重视，特别是当隐私数据上升为企业核心资产乃至涉及国家安全的时候。

2020年，服装公司H&M被罚3530万欧元，原因是其非法记录员工病假、病情诊断、家庭问题和宗教信仰等信息，侵犯了员工的个人隐私；2021年，德国著名电商公司Notebooksbilliger因在工作场所、仓库及公共区域非法安装摄像头监控员工而被罚款1040万欧元；同一年，Facebook因未能明确告知用户其个人数据的使用方式而被处以700万欧元的罚款，其母公司Meta也因未采取适当措施保障欧盟用户数据安全而在2022年被罚款1700万欧元。此外，2021年TikTok因侵犯儿童隐私被荷兰数据保护局罚款75万欧元，原因是未能以儿童易于理解的方式提供个人数据处理相关信息。这是自欧盟GDPR实施以来，中国企业（包括其控制的海外平台）首次因违反GDPR条款而受到处罚。2022年全年，GDPR制裁金额激增至31亿美元，欧盟国家因违反GDPR而被处罚的企业数量不断攀升。出海企业在做营销的时候，也一定要注意用户的同意与偏好管理，避免遭受处罚。

商业贿赂问题

自2000年起，全球范围内对商业贿赂的打击力度不断加大，特别是《联合国反腐败公约》的通过，进一步促进了国家层面的反腐败立法。国际组织也在持续完善相关规则，通过建立黑名单等手段对违规企业和个人进行处罚。

弗雷德里克·皮耶鲁齐（Frédéric Pierucci）曾任职于法国电力和轨道交通巨头阿尔斯通，他于2013年在美国机场被联邦调查局逮捕。美国检察官搜集了他14年来的邮件和相关录音，指控他涉嫌商业贿赂，并要求对阿尔斯通处以7.72亿美元罚款。这一事件最终导致阿尔斯通电力部门被其行业内的主要竞争对手美国通用电气收购。

在美国，根据《行政部门雇员道德行为准则》，政府行政部门官员在与企业接触时，每次从同一渠道接受的礼品总价值不得超过20美元。而在德国，《联邦政府官员法》明确禁止政府官员接受礼品，价值超过15欧元的礼品必须上交，违反此规定的官员将面临法律制裁或承担相应后果。

无论是美国还是德国，政府官员允许收取的礼品价值一般很小，而中国企业的销售人员一般有给客户带点见面礼或小礼物的习惯，这非常容易产生合规风险，所以一般建议送巧克力、红酒、鲜花或中国的文化礼品。这样一来可以表达对对方的重视，二来金额不会超标，对方亦容易接受。切忌送购物卡或者现金，这样的做法非常容易导致客户投诉，甚至产生诉讼风险，员工本人也要承担相关法律责任。

三、企业应对合规风险的有效策略

合规风险并不可怕，可怕的是无视风险。企业的合规应该是自上而下、由内而外的整体合规，而不仅仅是为了出海才需要合规。我建议中国企业：

1. 了解目标市场的法律环境。包括但不限于商业法、劳动法、税法、以及反腐败、反洗钱相关的法律法规，且需涵盖国家层面以及地方政府的法律法规。了解清楚这些，有助于企业在进入新市场前做好充分的合规准备。

2. 强化合规文化。强调在企业内部建立和强化合规文化的重要性，意味着企业不仅要制定合规政策，还要确保从上至下都理解其重要性，并在日常工作中贯彻这些政策。

3. 制定全面的合规策略。企业应制定一套全面的合规策略，包括建立和完善内部合规管理体系，制定合规政策、程序和建立监控机制，进行风险评估，制定内部控制措施等，以确保所有业务活动都符合当地及国际法律法规的要求。

4. 进行合规风险评估。定期进行合规风险评估，识别和评估企业面临的合规风险，包括财务、操作、法律和声誉风险等，以及这些风险可能对企业造成的影响。

5. 加强员工培训，提升合规意识。定期对员工进行合规培训，提高他们对合规重要性的认识，确保员工理解并遵守相关法律法规和企业政策。

6. 进行定期的合规审查和自我评估。用定期的合规审查和自我评估监测合规体系的有效性，并及时调整，以应对法律法规的变化或企业自身经营策略的调整。

7. 建立应急响应机制。在面对合规问题或危机时，企业应该有一套有效的应急响应机制，包括内部通报、立即采取纠正措施、与法律顾问沟通等，以减少潜在的负面影响。

8. 积极与监管机构沟通。建议企业在合规问题上，积极与目标市场的监管机构沟通，了解监管趋势，确保企业操作符合监管机构的要求与期望。

9. 聘请专业顾问和律师。在进入新市场或面临复杂的法律问题时，聘请当地的法律和财务顾问，以获得专业的建议和支持。

总之，防微杜渐，行稳致远，中国企业应当吸取以往海外合规经营的经验教训，逐步建立海外合规资源壁垒，包括海外专业合规团队资源、海外专有牌照资质、海外税务缴纳义务、海外劳工就业促进、海外政策规则洞察、海外维权抗辩保障、海外社会责任承诺和海外战略客户背书8个方面。更重要的是，企业要时刻保持敏感和灵活，及时调整战略以适应合规环境的变化，从而降低合规风险，增强企业的全球化可持续发展能力。

ESG

一、什么是ESG

ESG（Environmental, Social and Governance）指环境、社会和公司治理，即企业在经营过程中考虑环境、社会和公司治理的因素，以及应对这些因素对企业未来发展的影响（表6-2）。随着投资者和利益相关者对可持续性的重视程度日益提高，ESG已然成为评估企业长期绩效与风险管理水平的重要工具。相较国内市场，海外市场尤其是欧美国家的ESG体系起步早，相对成熟，推动着中国企业在全球化的过程中加速建设ESG体系。

表6-2 ESG三大方向内容

环境（E）	温室气体排放	水资源管理	物料使用和废弃物循环再利用	有害物质管理	空气质量	土地与海洋使用	保护生物多样性
社会（S）	人权保护	员工管理机制	多元、平等、包容	公共健康及保健	消费者安全及信息透明	数字隐私及安全	社会合作
公司治理（G）	公司治理基础	商业道德	透明度和管理风险	外部三方合作	税务管理	间接经济效应	国家及国际政策

ESG在全球逐渐得到普及。在ESG大热之前，CSR（Corporate Social Responsibility，企业社会责任）是资本市场关注的商业向善的核心概念。

CSR指的是企业在经营过程中要积极承担社会责任，这些责任涵盖环境保护、员工权益保障、社会公益事业等方面。虽然ESG和CSR都强调企业在经济活动中应考虑的非财务因素，但实际上它们并不相同，表6-3为ESG和CSR的区别。

表6-3　ESG与CSR的区别对比

	ESG	CSR
定义	衡量企业和组织在环境、社会和治理方面表现的标准	企业在追求经济利益的同时，积极承担对消费者、员工、社区和环境的责任
目标	为企业带来更好的长期价值，通过优化企业治理结构、降低环境和社会风险、提高投资回报等方式实现	为社会、环境和消费者等做出贡献，回馈社会，提高企业声誉和形象
时间跨度	长期效益	短期效益
报告内容	碳排放、废物管理、资源使用、企业环保、员工福利、社区发展、公司治理等	股东责任、员工责任、客户责任、社会责任
关注点	聚焦非财务风险和公司绩效	聚焦企业的社会贡献、公益慈善
行动方式	自上而下	自发行动
目标受众	主要面对投资者	面向所有利益相关方

二、为什么要实施ESG战略

首先，全球诸多国家都已推行与ESG相关的法规与政策，要求企业披露ESG相关信息。那些未能遵守ESG法规的企业，可能会遭到处罚。

其次，海外有越来越多的投资者和股东在投资决策过程中将ESG纳入考量。他们认为，ESG表现优异的企业更具可持续发展的能力，在未来或许能够获得更高的投资回报。

再次，ESG可以增加品牌的价值，帮助企业吸引更多客户。ESG表现优异的企业通常在消费者心目中享有更高的声誉。

最后，通过遵守ESG标准，企业可以更好地管理潜在风险。对ESG风险的全面管理在企业全球化过程中势在必行，它将长期发展和价值创造牢固地结合在一起。

经济学人集团旗下咨询机构Economist Impact针对262家中国上市企业高管展开过一项调查，问题为：贵公司决定制定并实施ESG战略的关键驱动因素是什么？接近半数（47%）的受访企业回答是为了满足客户期望，而44%的企业认为是为了满足投资者期望。这显示出ESG战略在满足客户期望方面的重要性，也与中国消费者日益增强的意识契合。在另一项调查中，超过80%的消费者表示，他们希望品牌提升环境和社会责任感。

值得注意的是，ESG要求企业主动、积极地思考未来长期发展的可持续性，这能够极大地激发企业的创新力。企业通过寻找环境友好的解决方案，提高资源利用率，在降低成本的同时，还可以创造新的商机。随着消费者对可持续性的意识日益增强，全球超过40%的最终消费者愿意为那些符合ESG标准的企业产品和服务支付高达10%的额外费用。因此，在全球消费者市场上，ESG将成为构建更具吸引力的品牌故事的关键因素。

三、如何做好ESG

第一，制定明晰的ESG战略：构建并施行涵盖环境保护、社会责任及公司治理的全面战略，确保员工与利益相关者明晰企业的ESG承诺。

第二，将ESG战略融入业务战略：把ESG因素纳入企业的长期战略规划，保证ESG考量贯穿企业的决策与运营流程。ESG战略的有效落地不但需要得到企业管理层与各职能部门的支持，还需要下属子公司的支持。

第三，增强环保意识：推行节能减排、循环利用等环保举措，减少企业在全生命周期内对环境造成的影响。

第四，重视社会责任：踊跃参与社区活动，支持公益事业，关爱员工，维护消费者权益，塑造良好的社会形象。

第五，强化公司治理：构建有效的公司治理架构，确保企业决策透明、公平、公正，防止不当行为发生。通过多种渠道营造氛围，使企业自上而下都认识到ESG的重要性，让周边同事看到实际成果，能够解决实际问题，促使管理层、各部门及各级子公司有信心践行。

第六，发布ESG报告：定期发布报告，向利益相关方展示企业的ESG表现与改进状况，例如获得外部奖项、入选外部优秀案例、得到外部权威媒体的专题报道等，积极寻求外部支持。

四、中国企业出海的成功ESG案例

案例一：华为使用人工智能在挪威保护三文鱼

2023年2月，在法国戛纳举行的世界人工智能节（World AI Cannes Festival 2023）上，评委会将"Neurons特别评委会奖"授予华为及其合作伙伴，以表彰华为的人工智能解决方案。此方案的实施成功保护了挪威的野生三文鱼。挪威三文鱼以品质优良闻名全球，是挪威人民的骄傲。然而自1980年以来，挪威野生三文鱼正遭受来自"远房表亲"粉鲑（又称驼背大马哈鱼）的威胁。时至今日，挪威野生三文鱼的数量已下降了50%。因此，挪威实施了严格的捕鱼限制。

华为与当地合作伙伴Berlevåg猎人渔民协会（BJFF）合作开发了一套全自动分流机制，利用人工智能和技术创新自动识别并分流入侵的粉鲑。2022年6月，该系统在挪威贝勒沃格的斯托尔瓦河成功部署，成为全球首个在自然河道中实施的三文鱼类智能分流系统。该系统节省的人力成本超过90%，同时有效避免了入侵物种的威胁（见图6-2）。随后，该系统在挪威的另外两条河流中部署，并在孔斯峡湾和库斯尔瓦分别成功筛选出5604条和550多条粉鲑，识别准确率高达99.99%。

挪威气候与环境部部长及贸易工业和渔业部副部长多次在公开场合表扬华为，并高度赞赏华为的人工智能项目。挪威的新闻媒体也纷纷主动报道该项目，挪威全国电视新闻在黄金时间进行了报道，主流媒体也有大篇幅报道。挪威当地媒体的追踪报道，不仅让欧洲人民了解到了该项目的具体进展，也成功地让华为成为挪威当地响当当的全球品牌。

图6-2 华为拯救挪威三文鱼

案例二：天合光能入选最佳ESG表现光伏公司

2023年，天合光能凭借其在脱碳领域的领先地位，荣获中国欧盟商会颁发的"脱碳领航者"大奖，还被国际可持续发展准则理事会（ISSB）北京办公室授予"可持续披露准则先学伙伴"纪念牌。

除此之外，天合光能入围了多个权威榜单并获得多项荣誉，如入选"2022福布斯中国可持续发展工业企业TOP 50"、联合国全球契约组织（UNGC）优秀案例、2023年福布斯中国创新企业ESG 50榜单、2023年度彭博绿金ESG 50榜单、全球最权威的光伏行业媒体之一PV Tech发布的"2023最佳ESG表现光伏公司"、2023年中国年度ESG卓越实践30强，还作为案例入选国内首部《企业ESG蓝皮书：中国企业环境、社会与治理报告（2023）》。

天合光能连续10多年主动发布企业社会责任及可持续发展报告，这一行为体现了天合光能对社会责任和可持续发展的高度重视与承诺。从2021年起，该报告升级为ESG报告；2023年开始又进一步升级为可持续发展报告。这一系列变化不仅反映了天合光能在报告体系上的不断完善和进步，也展示了其在推动可持续发展方面的决心和行动。

天合光能的可持续发展报告（ESG报告/社会责任报告）详细记载了公司为推动可持续发展所付出的努力。公司制定并实施了一套全面的环境保护管理制度，覆盖了从产品研发、原料采购、生产制造到能源资源利用、废弃物管理的产品全生命周期，体现了天合光能在环境保护和资源高效利用方面的承诺和实践。

天合光能在全球170多个国家开展业务，面对ESG监管的加强，公司长期致力于在环境领域做出贡献。截至2024年3月底，天合光能的全球光伏组件累计出货量已超205 GW（吉瓦），这一数字相当于9个三峡水电站的装机容量，等同于在全球种下了约151亿棵树。在社会方面，公司持续建立长效激励和约束机制，重视员工发展，提供专业培训和完善的HR管理，建立了先进的职业健康与安全管理体系，并组织各种员工文娱和慰问活动，提高了员工的幸福感。在公司治理方面，天合光能建立了涵盖治理层、管理层、经营层和监督层的ESG管理体系，对腐败和商业道德问题"零容忍"，并通过ISO 37301合规管理体系认证，确保企业经营活动的合法性和透明度。

高纪凡作为天合光能的董事长兼CEO，一直强调ESG在全球商业运作中的重要性。他在多个重要场合，包括2024年全国两会和世界经济论坛2024年年会上，都着重指出了全球ESG国际标准和生态体系对提升中国企业在国际

图6-3　天合光能董事长兼CEO高纪凡出席世界经济论坛2024年年会

品牌声誉、拓展海外业务及获取海外投融资机会的重要作用（见图6-3）。

他提出，随着全球ESG监管的加强，中国企业在国际市场上的表现受到了更多的关注和挑战。因此，他建议推动建立具有中国特色的ESG国际标准和生态体系，以帮助中国企业更好地适应国际市场，提升全球竞争力。高纪凡认为，中国在可再生能源领域特别是水电、风电、光伏发电和生物质发电方面的领先地位，为制定全球性的ESG标准提供了坚实的基础和战略视角。

高纪凡的建议得到了业界的广泛关注，他的这些观点和建议旨在推动中国企业在全球可持续发展中发挥更大的作用。天合光能等中国企业正在积极构建与国际接轨的ESG体系，以实现长期的可持续发展。

07

中国企业全球化的企业案例

中国企业全球化的典型教训

案例一：明基并购西门子手机

2005年6月8日，明基正式与德国西门子签订了并购西门子手机业务的协议。根据协议，明基将获得西门子手机业务100%的股份，并计划在2005年9月30日完成交易。

并购交易条件：

1. 并购后的新公司（明基移动）总部设在德国慕尼黑。

2. 西门子向明基支付大约2.5亿欧元的现金，提供服务，并额外投资5000万欧元购买明基的股份，成为其股东。作为交易的一部分，西门子手机业务将无负债地以净资产的形式转让给明基，包括现金储备、研发中心、相关的知识产权、制造工厂、生产设备及相关的员工等。

3. 明基可以使用西门子品牌18个月（2005年10月1日起），并在5年时间里使用BenQ-Siemens品牌生产和销售手机。

明基并购意图：

1. 完成并购后，明基有望立即晋升为全球第四大手机品牌。

2. 通过并购，明基能够利用西门子的品牌影响力和销售渠道，迅速扩大在欧洲乃至全球市场的份额。

西门子转让意图：

1. 转让后，西门子可以彻底摆脱手机业务的巨额亏损。
2. 西门子股东效益的最大化。

这场跨国并购，当年被媒体认为是"各取所需"和"名利双收"，从商业的角度可以说是非常经典的案例。西门子为明基提供了非常优厚的条件，使得明基能够以零成本并购西门子的手机业务。明基不仅获得了西门子提供的2.5亿欧元资金支持，还得以与当时全球排名第五的索尼爱立信竞争；此外，它还可以借助西门子的品牌优势，快速进入欧洲乃至全球市场。明基在并购前信心满满，声称将在并购后把营业额翻一番，手机销量将超过5000万部，营收将超过100亿美元。

然而好景不长，仅仅一年后的2006年9月28日，明基董事会就通过决议，不再投资并购后的新公司；明基德国公司也向德国政府申请了破产保护。

并购结果：

1. 2005年第四季度，明基亏损高达2.79亿美元，全年亏损3.07亿美元，这是明基自上市以来首个亏损年度。
2. 2006年第二季度，明基手机市场份额从5.5%跌到了3%。
3. 2006年8月，明基德国公司正式向德国法院申请破产。
4. 2006年9月28日，明基董事会决定停止对德国子公司的投资。
5. 2006年12月14日，北京明基研发中心原西门子员工全部离职。
6. 2007年3月21日，明基公布的2006年财报显示亏损64.5亿元人民币。

7. 明基董事长李焜耀二次提出卸任董事长，董事会未通过。
8. 并购累计亏损约8亿欧元。

并购失败原因分析：

原因一：明基对西门子手机的品牌定位错误。

明基希望通过并购直接提升明基手机的国际品牌影响力，认为此举能让明基手机品牌成长时间缩短7~8年，从而打造国际高端手机品牌。然而西门子股份公司虽然是德国"百年老店"，但西门子手机虚有其表，在欧洲市场的售价仅为90欧元左右，属于低价手机。明基以代工起家，低价策略是其核心竞争力，也是获得国际市场的主要手段，所以明基在低端手机市场的品牌现状与其并购意图明显不符。同时，消费者非常理性，没有为新并购的手机品牌买单。

原因二：明基自身的财务能力不足。

在2005年明基并购西门子手机业务之前，西门子的手机部门已经累计亏损5.1亿欧元，对整个西门子股份公司构成了沉重的财务压力。西门子手机的巨额亏损远超明基的预期，这表明明基并购前的财务尽职调查并不充分。并购后，为了扭亏为盈，明基不得不额外投入8亿欧元。这一系列的财务挑战导致明基股价急剧下跌，从35新台币跌至17新台币，市值蒸发了一半。明基的资产缩水进一步加剧了其财务困境，使公司难以扭转局面。

原因三：明基缺乏国际化人才和跨文化管理能力。

明基自身虽然发展快速，但非常缺乏拥有全球化视野的国际化企业管理人才。国际化人才培养机制的建立是一个长期的过程，因此完全没有在并购后发挥作用。同时，明基也没有对并购后的新企业文化进行有效整合，非常尊重德方的经验和管理模式,在管理上没有强势介入,并购后只派了两名管理人员到德国。并购双方在工作与生活上的价值观截然不同,德国员工认为,公司工作不应过多干扰私人生活,而明基则鼓励员工加班加点。德国人严谨细致,但也非常固执和坚持原则。中方研发人员提出想法后,必须要通过德国总部的审核,双方的跨文化差异导致沟通效率低下,使得明基原计划2005年推出的新机型延迟到2006年2月才面世。

值得一提的是,在并购失败,明基向德国政府提出破产保护并撤出欧洲市场后,仍遭遇了德国当地工会和政府的极大阻力。破产导致3000多名德国员工失业,这些员工感到被西门子"出卖",因此走上街头抗议。当时的德国总理默克尔(Merkel)甚至敦促西门子对这些员工负责。在作为工厂所在州的北威州,时任州长吕特格尔斯(Rüttgers)与数百名员工一同参与了抗议活动。在并购前,明基向西门子承诺不会解雇3350名德国员工,并声称5年后仍在德国生产手机,因此州政府也要求明基提供解决方案。

案例二:中海外联合体公路项目在波兰被罚款

中海外概况:

中国海外工程有限责任公司(简称"中海外")1987年组建,是最早进入国际工程承包市场和劳务输出领域的中国国有企业之一。自20世纪90年代中期起,中海外便一直位列ENR评选的"全球最大225家国际工程承包商"之中,在国际工程承包市场上建立了良好的品牌声誉。特别是在非洲、南太平洋和东南亚等地区,中海外已经成为国际知名的工程承包商之一。

项目简介：

2004年5月1日，波兰正式成为欧盟成员国，并因此获得了来自欧盟的大量资金补贴。2009年，波兰政府为了筹备2012年欧洲杯足球赛，国道与高速公路局启动了A2高速公路的现代化改造计划。这条高速公路连接波兰首都华沙和德国柏林，是连接波兰与中西欧的关键交通路线，全长约91公里，改造工程被划分为5个不同的标段。

超低价中标：

2009年9月，中海外和中铁隧道联合上海建工集团及波兰德科玛有限公司（简称"中海外联合体"）以低于波兰政府预算46%的价格成功竞标，赢得了A2高速公路A、C两个标段的建设权，合同总金额13亿波兰兹罗提（约合4.72亿美元/30.49亿元人民币）。这是中国工程公司首次在欧盟区域内承担基础设施建设项目，对于进一步开拓欧盟市场具有重大意义。这两个标段的工期共计32个月，从2009年10月5日开始，至2012年6月4日结束。

项目中标后，波兰公路建设协会向欧盟提出指控，声称中海外联合体因获得中国政府补贴而能够以低价竞争，这被视为对欧盟市场的倾销行为。然而，欧盟并未受理这一指控。波兰当局对此进行了多次会议讨论，以评估中海外联合体是否能够按照合同约定的时间完成工程。

项目中止：

2011年5月18日，由于中海外联合体未能及时向波兰分包商支付工程款项，项目被迫停工。当时合同工期已经过去了1/3，但A标段项目仅完成了15%，C标段完成了18%。波兰的分包商们就拖欠工程款问题举行示威游行，波兰政府随后介入此事。中海外联合体承诺在5月30日前支付拖欠的费用，并正式提出提高中标价格的要求，但波兰国道与高速公路局并未接受。

到了5月30日，波兰工人再次游行，导致事态进一步升级。整个项目的成本管理已经完全失控，如果坚持把工程做下去，中海外联合体将面临3.94亿美元的巨额亏损。6月13日，波兰当局宣布终止工程合同，并要求中方支付2.71亿美元的赔偿和罚金，同时，中海外联合体被禁止在未来3年内参与波兰境内的所有工程项目。

项目失败原因分析：

原因一：简单复制低价中标后再变更抬价的策略。

中海外联合体急于求成，未能充分进行前期的成本测算。项目竞标时，波兰原材料价格、汇率均处于较低水平，再加上劳动力成本低廉，所以即便是4.72亿美元的合同金额，中海外联合体仍然有利可图。但波兰签证办理缓慢，导致中国劳工难以按时到达波兰，加上很多设备必须在当地租赁，操作工人也需要有当地资质，中海外联合体不得不全部用当地分包商。经与波兰政府多次交涉，直到2011年3月，国内五六百人的专业施工队伍才分批抵达波兰，但按照波兰劳工法，海外劳工的雇佣成本也必须符合波兰当地的工资标准，这使得中海外联合体的劳动力成本大大增加。因此，中海外联合体曾多次提出工程变更以提高价格，但波兰始终强调"以合同为准"。

原因二：缺乏合同管理。

中国企业出海比较强调良好的政治关系，对项目合同不重视，不能充分利用商业合同来约束双方规避风险。国际工程通用的是国际咨询工程师联合会（FIDIC）合同标准模板，中海外联合体签署的却是波兰语合同，没有对关键条款进行专业翻译和认真研究。同时由于急于求成，中海外联合体迅速签订了合同，但最终合同条款与FIDIC标准相比，缺失了多项对中海外联合体有利的关键条款，尤其是原材料价格上涨和实际工程量超出项目说明书等情况下的合同变更条款。从中标、合同谈判到执行的整个过程,都暴露了中海外联合体在合同管理方面的不足。

原因三:缺乏风险管理。

投标阶段,中海外联合体急于拿下项目,缺少对项目成本和风险的认真分析,前期准备也非常不足,没有将风险反映在报价中。合同签订时,没有充分利用合同条款来规避潜在风险,在施工阶段也没有利用有利条件来控制潜在风险。项目开工时,原材料价格处于低谷,中海外联合体却没有提前预订材料,与分包商锁定合同价格。

案例三:资本推动共享单车盲目出海

2014—2016年,共享单车从一诞生就快速走红,在国内发展得如火如荼,在资本市场一时如日中天,几乎全中国的明星投资机构都参与其中。为了快速在全球市场上复制中国的商业成功,各家共享单车都走出了国门,让世界人民体验到了共享出行的便利。但是好景不长,共享单车在海外似乎水土不服,问题频发,不得不迅速退场。

ofo小黄车创立于2014年。2016年年底,ofo小黄车宣布开启全球运营战略,首站进入新加坡,累计注册用户超10万人,每天6000辆车能提供2万多次的出行服务。此后,ofo又扩展到美国、英国和哈萨克斯坦3个国家。截至2017年6月,ofo在全球5个国家的150多个城市同步运营,拥有近650万辆车,日订单量超过2500万,用户累计骑行次数达到10亿次。2018年7月,ofo开启海外第二战略阶段的精细化经营管理,重点是新加坡、美国和法国等投放规模大或增长快的国家。但在随后的一个月内,ofo由于海外用户行为习惯不同、用户蓄意破坏和乱停放等问题，陆续从印度、以色列、澳大利亚、德国、美国、西班牙，以及中东地区撤出。

摩拜单车于2015年成立。2017年3月，摩拜单车开始在新加坡运营，同年6月30日，业务扩展至英国的曼彻斯特和索尔福德，以及日本的福冈和札幌。摩拜单车曾在全球超过100个城市运营，拥有超过500万辆智能单车，日订单量超过2500万，注册用户超过1亿。然而截至2017年12月，摩拜单车虽然持有37.52亿元现金，却面临10亿元的供应商债务，高达60亿元的用户押金被挪用，每月运营成本超过4亿元，而月收入仅为1.1亿元。每辆单车每天的周转率仅1次，无法实现自负盈亏。因此到了2018年4月3日，美团宣布全资收购摩拜单车。根据美团的财务报告，摩拜单车的净亏损高达45.5亿元人民币。随后，摩拜单车解散了亚太运营团队，将业务范围缩减至仅在中国境内运营，似乎回到了起点。

失败原因分析：

原因一：海外市场空间不如中国。

解决了中国人的"最后一公里"通勤问题，是共享单车在中国可以繁荣发展的关键原因。而在西方主要发达国家，开车是出行的首选方式，共享单车对于他们来说，作为出行交通工具的作用有限，反倒主要是为了娱乐和运动。此外，在日本和新加坡这样公共交通四通八达的国家，"最后一公里"问题不明显，人们基本可以通过公共交通抵达目的地，所以共享单车的价值空间有限。

原因二：海外各国法律差异大。

共享单车在中国可以快速发展，其中一个重要原因是不需要过多地考虑侵占道路等方面的法律问题，发生此类问题之后总是有办法协调解决。然而到了海外，西方发达国家的道路法规已经非常健全完善，在中国"先投放再说"的商业逻辑是根本行不通的。例如，小蓝单车（Bluegogo）是最早尝试进入美国旧金山市场的共享单车品牌之一，但在正式运营前，它就遭到了旧金山市交通局关于保护"公共路权"的警告。小蓝单车的引入还促使当地议员通过了一项法案，规定随意停放单车将面临高达2500美元的罚款。海外各国法律法规差异非常大，例如，很多国家都有"自行车一定要安装前后灯"和"骑自行车一定要戴安全头盔"等规定。要严格照章办事，否则代价是非常大的。

原因三：海外各国使用习惯和支付差异大。

共享单车的座位高度问题、客户端使用和语言等方面的差异，都注定了将国内模式完全照搬到海外是行不通的。摩拜单车与ofo分别接受了腾讯和蚂蚁金服的投资，共享单车出海也背负着推广微信和支付宝移动支付的重任。但从海外实际运营情况来看，效果并不好，原因也很简单：大部分海外国家都没有像中国一样使用二维码来支付的习惯。

原因四：海外各国运营成本高。

根据中国工信部的数据，2016年中国自行车总产量达到8518.3万辆，其中60%的自行车出口到海外市场。尽管出口海外的运费和关税成本较高，但在中国境外制造自行车的成本通常更高。共享单车的运营和维护依赖大量人力，而海外的人力成本普遍高于国内。共享单车在海外市场的投放量增加，也引发了不少道路交通问题，导致各国要求共享单车公司增加现场运维人员以防止随意停放的情况发生。这些因素共同导致了共享单车海外运营成本的显著增加。

比亚迪：技术驱动，全球布局

比亚迪创立于1995年，创始人王传福，总部位于深圳，旗下产业包括电子、汽车、新能源和轨道交通。比亚迪是中国最早的新能源汽车制造商之一，也是全球最大的电动汽车电池制造商之一。比亚迪依靠其国际化的技术研发和人才管理团队，在汽车设计、制造和销售方面积累了丰富的经验，产品线涵盖轿车、SUV、MPV等多个细分市场。2023年，比亚迪总营收再创新高，达到6023.15亿元，同比增长42.04%，海外营收占比达到26.60%。2023年，比亚迪新能源汽车共销售302.44万辆，同比增长67.69%，超越特斯拉成为全球新能源汽车销量的第一名，总销量也在全球车企里排名第九。

出海方面，2023年比亚迪全年在海外累计销售新能源乘用车24.27万辆，其乘用车出海步伐已经扩张至全球50多个国家和地区。作为中国新能源汽车的行业标杆，比亚迪位列《福布斯》发布的"2023全球企业2000强"第170名，并凭借其在新能源技术领域的持续创新和突破，入选"2022福布斯中国可持续发展工业企业TOP 50"。另外，比亚迪也在BCG公布的2023年全球最具创新力公司榜单中荣登第九位，获得了令人瞩目的成绩。

企业全球化发展

第一阶段：1999—2009年，开拓欧美市场。

早在1999年，比亚迪就在欧洲和美国成立了海外公司，奠定了比亚迪在海外市场拓展经验的基础。此举不仅为比亚迪全球化发展建立了国际化人才储备,也初步打响了品牌的国际知名度。从欧美市场再到日、韩等其他国家市场,比亚迪这个阶段的核心产品刚开始是电池,之后逐步扩展到设计制造代工业务,尤其是给诺基亚的代工业务。

第二阶段:2010—2020年,商用车出海。

这个阶段,比亚迪大力推动以新能源公交和大巴类产品为主导的商用车出海。2010年,比亚迪制定了"城市公共交通电动化"战略,在全球市场推广新能源公交车和出租车,获得了世界各国的认可,取得了商业成功,也进一步树立了比亚迪的全球化品牌形象。

第三阶段:2021至今,以乘用车为核心产品的新一轮出海。

2021年,比亚迪宣布与挪威汽车经销商合作,将唐EV打入挪威市场,进一步加大拓展海外市场的力度。最近数年里,比亚迪每次都在欧洲知名车展上高调亮相,圈粉无数,也获得了欧洲消费者的一致认可,销量逐年稳步增长。现在,比亚迪已经成为名副其实的全球化品牌。

新能源大巴出海

早在2012年,比亚迪就将荷兰斯希蒙尼克岛上的6辆燃油大巴更换成了电动大巴。这笔订单开启了比亚迪新能源大巴在欧洲市场的高歌猛进。2013年,阿姆斯特丹史基浦机场招标35辆电动摆渡车,比亚迪杀出重围,一举中标,使史基浦机场成为全球第一个将摆渡车新能源化的机场。到了2019年12月,比亚迪再次中标荷兰259台新能源大巴的项目,所有大巴于2020年年底投入荷兰东部及中部地区的公交运营,年运载量达1700万人次。此次项目中标,使比亚迪进一步强化了欧洲新能源大巴供应商的领先地位,比亚迪在欧洲乘用车市场的份额也增加到了20%，行业排名第一。

除了荷兰，比亚迪在英国市场的表现也可圈可点。2015年10月，比亚迪成功签约英国最大的巴士制造商亚历山大·丹尼斯（ADL），双方开展战略合作，共同生产电动大巴。比亚迪负责底盘、驱动系统、电池等核心部分，ADL负责铝质车壳。两家企业的战略合作项目从一开始就得到了中英两国高层的关注。2015年习近平主席访英期间，由比亚迪倾力打造的全球首台纯电动双层巴士在伦敦兰卡斯特宫亮相，两国领导人共同登上大巴。通过媒体的传播，全世界的目光都被吸引到了比亚迪这个"亮相"伦敦的中国品牌上。在这样的品牌效应推动下，2021年6月，比亚迪继续联合ADL中标英国195台新能源大巴项目，这一项目订单是当时英国单笔最大的新能源大巴项目订单。截至2023年，比亚迪在英国已累计获得1000多笔各大公交运营商的新能源大巴订单，市场占有率达到了50%左右，在伦敦市的市场占有率更是高达80%，遥遥领先于同类企业。

除了欧洲，比亚迪大巴还远销拉美地区。2018年12月13日，智利政府在圣地亚哥举行新能源大巴交付仪式，100台比亚迪K9新能源大巴行驶在智利的大街上，成为推动拉美公交电动化的重要里程碑。当时的智利总统塞瓦斯蒂安·皮涅拉（Sebastián Piñera）亲自出席仪式并做重要发言："电动车将是整个人类的下一个千年计划。100台电动车的到来，将明显改善智利人民的生活品质。我们是受气候变化影响的第一代人，也是能扭转整个局面的最后一代人。"

新能源车成功打开欧洲市场

2022年10月4日,比亚迪与德国最大的汽车租赁公司SIXT签署合作协议,双方表示将展开战略合作,共同推进汽车租赁市场的电动化转型(见图7-1)。SIXT成立于1912年,总部位于德国慕尼黑。该公司已成长为欧洲规模最大的汽车租赁公司之一,在全球100多个国家和地区开展业务,拥有2100多处营业网点。第一阶段的合作中,SIXT计划从比亚迪订购数千辆纯电动车,第一批订购车辆为ATTO 3,即王朝系列元PlUS的海外版车型,这批车辆将覆盖德国、英国、法国和荷兰等西欧国家。在接下来的6年里,SIXT计划向比亚迪采购至少10万辆新能源汽车。与SIXT的战略合作,将使比亚迪大大增加在欧洲汽车租赁市场的份额,这也是比亚迪新能源车大踏步进入欧洲市场的一个里程碑。

图7-1 比亚迪与SIXT签约合照

合作新闻一发布,部分德国媒体立刻就"酸了"。德国《焦点》(*Foucus*)周刊在2022年10月7日的报道中称:SIXT给中国比亚迪的超大订单绝对是给德国汽车制造商的一记耳光，沃尔夫斯堡（大众总部所在城市）再也没有人敢轻视中国竞争者比亚迪了，因为同是德国公司的SIXT并没有选择订购10万辆大众的新款汽车ID.4，而是选择订购比亚迪的新能源汽车。报道还认为，中国的企业最终将"实现梦想"，而德国和日本汽车制造商将集体"付出代价"。

2022年10月17日至23日的巴黎车展上，比亚迪携唐（BYD TANG）、汉（BYD HAN）、元PLUS（BYD ATTO 3）3款电动车型亮相车展，正式开启欧洲之旅。借着此次在法国巴黎车展亮相的契机，BYD ATTO 3与BYD HAN开启了在挪威、丹麦、瑞典、荷兰、德国等欧洲多国的产品交付。2022年年底前，比亚迪还将进一步开拓法国和英国市场。2023年9月4日，比亚迪又携6款新能源汽车亮相慕尼黑车展，车展期间，瑞银集团（UBS）全球研究机构与比亚迪合作，对海豹进行拆解并展示了拆解部件。这次拆解也意味着中国新能源汽车制造商在国际市场上成功崭露头角。

在匈牙利建新能源汽车工厂

早在2017年，比亚迪就在匈牙利的科马罗姆建造了一座工厂，用于新能源大巴等产品的研发和制造。在匈牙利多年的商用车的生产和销售，使比亚迪积累了丰富的制造经验。2023年10月17日，比亚迪通过BYD ATTO 3、海豚和海豹三款纯电车型正式进入匈牙利，还在匈牙利首都布达佩斯开了两家门店。

2023年12月22日，比亚迪宣布将在匈牙利赛格德市再建设一个新能源汽车整车生产基地。匈牙利地处欧洲心脏地带，是欧洲大陆重要的交通枢纽。

且匈牙利汽车工业起步较早，拥有成熟的汽车产业链和工业基础，这为比亚迪在匈牙利的本地化生产奠定了良好的基础。比亚迪在匈牙利新建的整车基地，计划采用全球先进的工艺设备和高度自动化的生产流程，从而确保其产品质量全行业领先，只有这样，比亚迪才能在这新一轮的新能源汽车竞争中立于不败之地。

"造船出海"欧洲

2024年1月10日，比亚迪的第一艘滚装船开拓者1号（BYD EXPLORER NO.1）在烟台港举行了交船仪式。这艘滚装船长近200米，可以容纳7000个车位，应用了先进的LNG（液化天然气）双燃料动力技术，可以适应全球海运航线的各种需求，装载不同种类、不同大小的新能源车辆。在烟台港举行交船仪式之后，这艘船便争分夺秒地赶往深圳，1月14日到达深圳后，在深圳举行了隆重的首航仪式，于15号开始装货，绕过非洲南端的好望角，开往欧洲的符利辛根港（荷兰）和不来梅哈芬港（德国）。

2024年2月21日，满载数千辆比亚迪新车的开拓者1号终于抵达了荷兰港口；2月26日，抵达了德国港口（见图7-2）。这次欧洲航行是比亚迪全球化进程中的又一座里程碑。由于中国新能源车企竞相争夺有限的运输配额，2023年运输船的日均租金不断攀升，再创新高，已经达到了11.5万美元，是2019年的7倍。在这种情况下，比亚迪制订了两年内完成8艘专用滚装船的计划。这些滚装船技术先进，可以在不使用起重机的情况下装载7000辆车。德国汽车专家认为，这次抵达欧洲港口的比亚迪滚装船标志着一个新时代的到来。

图7-2　比亚迪滚装船抵达德国港口

签约欧洲杯，打造高端品牌

2024年1月12日，比亚迪正式成为2024欧洲杯官方出行合作伙伴。这是欧洲杯历史上第一次携手新能源汽车品牌，同时也是首次与中国汽车品牌展开战略合作。1月31日，比亚迪与欧洲足球协会联盟（简称"欧足联"）在深圳举行了签约仪式，正式落定合作事项（见图7-3）。签约之后，欧足联代表们还试驾了比亚迪仰望U8和腾势D9等旗舰车型。代表们对比亚迪电动化与智能化的整体技术实力心悦诚服，赞叹不已。欧洲杯每四年一届，作为全球顶级的体育赛事，吸引了全球数亿球迷的关注，也是品牌传播的最佳时刻。欧足联代表盖伊-劳伦特·爱普斯坦（Guy-Laurent Epstein）表示："我们很高兴比亚迪成为2024欧洲杯的合作伙伴。比亚迪是一个拥有29年历史的开拓性品牌，因在新能源汽车领域的创新而闻名世界，也是全球最大的新能源车企。这次合作非常契合我们构建绿色欧洲杯的愿景，我们看好比亚迪对欧洲杯绿色转型的促进作用。"

图7-3 比亚迪与欧足联的签约仪式

这次合作再次把比亚迪品牌推上世界瞩目的舞台，比亚迪也将继续凭借卓越的产品、领先的技术和优质的服务，不负欧洲用户的期望。2024年5月，比亚迪欧洲汽车销售事业部总经理舒酉星告诉我，通过这几年的努力，比亚迪已经在欧洲打开了销量，下一个目标就是树立高端品牌形象。比亚迪将携手欧洲杯，与全球球迷分享梦想的力量，推动欧洲杯的绿色转型。比亚迪将一如既往地为欧洲乘用车市场提供可持续的移动出行解决方案，并与欧洲经销商一起为客户提供本地化的销售与售后服务。

作者手记

近年来中国新能源汽车出海受到全球瞩目，比亚迪一马当先，创造了多个全球第一。2003年，比亚迪成为电池领域的全球第一，同年走上了造车之路，2023年成为全球新能源汽车销量第一。在英国品牌评估咨询公司品牌金融（Brand Finance）发布的"2024年全球品牌价值500强"榜单中，比亚迪的排名从199名上升到了172名，众望所归地成为排名最高的中国汽车品牌，它也是在激烈的竞争中增长最快的中国汽车品牌。2023年8月9日，王传福在比亚迪第500万辆新能源汽车下线的庆祝活动中，有一段激动人心的演讲，演讲过程中他多次哽咽落泪。同时，王传福还将中国车企友商们的名字呈现在大屏幕上，并坚定地说道："中国汽车产业必将诞生一批令人尊敬的世界级品牌。"

比亚迪值得中国企业学习的几个方面包括：

1. 新能源汽车技术：拥有自主研发的电动车技术和混合动力技术，在新能源汽车领域不断进行技术创新和研发投入，抢占市场先机。

2. 产业链整合和垂直整合：在新能源汽车产业链上游的电池、电机等关键零部件生产和下游的整车制造都有布局，实现了垂直整合，提升了产业链竞争力。

3. 国际市场拓展和品牌建设：通过创新的营销策略吸引海外消费者，海外销量快速增长，提升了国际品牌竞争力。

4. 绿色生产和可持续发展：倡导绿色环保理念并在生产过程中积极实践，降低环境影响，促进可持续发展。

天合光能：多业务协同并进，打造一体化优势

天合光能创立于1997年，创始人高纪凡，总部位于江苏常州，是我国最早从事光伏电池组件生产、研发和销售的企业之一，核心业务涵盖三个主要领域：光伏产品、光伏系统和智慧能源。天合光能在光伏产品领域专注于光伏组件的研发、生产与市场销售；光伏系统领域涉及电站业务和系统产品业务；智慧能源领域包括光伏发电的运营与维护、储能技术智能解决方案，以及智能微网和综合能源系统的开发与销售。

天合光能累计申请专利数超4000件，授权专利数超2000件，发明专利拥有量位居行业前列。天合光能分别在瑞士、美国的硅谷和迈阿密、新加坡、阿联酋设立了区域总部，在西班牙、墨西哥、澳大利亚、意大利等地设立了办事处和分公司，并在泰国、越南、西班牙、巴西建立了生产制造基地，目前业务已经遍布全球170多个国家和地区。

2023年，天合光能总营收为1133.92亿元，海外营收占比43%。截至2024年6月底，天合光能光伏组件全球累计出货量超过225 GW，其中210至尊系列组件累计出货量超过140 GW，位居全球第一。

企业全球化发展

第一阶段：1997—2006年，开拓布局光伏。

2004年，天合光能开始发展海外光伏组件业务，从德国市场切入，随后逐步扩展至其他欧洲国家、北美、南美及亚太地区。

2006年12月，天合光能在纽交所上市，成为第三家在美股市场挂牌的中国民营企业。

第二阶段：2007—2015年，开拓全球市场，成长为光伏组件龙头。

2010年，光伏组件的出货量首次突破1 GW，跻身全球光伏行业的第一梯队。

2012年，天合光能参与建设的"光伏科学与技术国家重点实验室"作为国家级重点实验室落成。同年，面对欧盟对中国光伏产品启动的反补贴调查，公司依靠其全球化的战略布局，迅速扩大在美国、日本、印度及亚洲其他新兴市场的业务，实现了全球出货量的快速增长。

2014年，光伏组件出货量达到了3.66 GW，成为全球光伏组件出货量第一。

2015年，光伏组件出货量达到5.74 GW，再次位列世界第一。

第三阶段：2016—2019年，加码布局下游业务，提升综合实力。

2016年，正式成立家用光伏事业部，进入光伏C端市场，同年在海外投资自建的第一个工厂泰国工厂正式投产。

2018年，收购西班牙光伏跟踪支架公司Nclave 51%的股权，进军光伏跟踪支架行业，并于两年后收购其剩余49%的股权。同年，天合光能发布"发、储、配、用、云"能源物联网一体化解决方案TrinaIOT，为新能源发展提供新的解决方案。

第四阶段：2020年至今，回归A股，再展宏图。

2020年1月，天合光能推出210大尺寸组件。同年6月，公司成功登陆科创板，进入快速扩产期。

2022年，投资建设青海（西宁）零碳产业园，布局N型垂直一体化产能。

2023年，天合光能持续引领行业，光伏组件出货量位列行业前三，发布的210至尊系列组件3年累计出货量突破100 GW，全球第一。

产品全球化：全球光伏组件行业巨头，一体两翼再启航

"一体"：不断夯实公司全球组件巨头地位，引领行业发展。2014年，天合光能光伏组件出货量达到3.66 GW，首次跻身全球第一，达成历史性的突破。2016年，组件累计总出货量已经稳居全球第一。截至2024年6月底，天合光能的组件全球累计出货量已超过225 GW，其中210至尊系列组件的累计出货量更是突破了140 GW，持续保持全球第一的地位。

"两翼"之一：光储协同发展，储能蓄势待发。天合光能旗下的江苏天合储能有限公司（简称"天合储能"）致力于自主创新，掌握了电芯开发、测试、验证等关键环节的核心技术。目前，公司已经成功开发出市场上主流的280 Ah（安时）电芯产品。此外，通过垂直一体化的布局策略，天合储能构建了一条完整的储能产品线，涵盖了从储能电芯、储能电池舱、储能变流器、家用储能系统到综合智能能源管理系统的全栈能力。这种全方位的产品和服务布局，为公司塑造了独特的核心竞争力，并在储能行业中确立了领先地位。截至2023年12月，公司已与超过100家全球客户建立了合作关系，全球项目储备超过10.0 GWh，全球项目交付超过4.0 GWh。

"两翼"之二：支架业务协同组件，共同进军蓝海市场。2024年3月，天合光能与新西兰太阳能公司Lodestone Energy成功合作，完成了新西兰迄今为止规模最大的光伏农场Kohirā的农光互补项目建设。该项目全面采用了天

合光能的210至尊组件和开拓者2P跟踪支架，展示了天合光能在组件与支架一体化解决方案方面的创新能力和技术实力。组件与支架的融合将使得整个平台更加协调统一，大大节省了客户的运维时间及成本，给客户带来了更多的收益。

2024年4月10日，天合光能跟踪支架业务部总裁马维铭告诉我，公司子品牌"天合跟踪"自成立以来就是"生而全球化"，西班牙Nclave的海外并购，给天合光能带来了国际化的支架产品、技术、人才和客户，跨文化管理一直是团队管理的重中之重。继在中国开设自己的第二家跟踪支架制造厂之后，天合光能又在巴西开设了第三家跟踪支架制造厂，以更好地供应销量日益增长的巴西市场及拉美市场。通过在巴西进行本土化制造，天合光能有效降低了生产和物流成本，提高了向巴西及拉丁美洲地区客户交付产品的效率，还能够为当地项目带来融资上的优惠条件，进一步加强了与当地政府和企业的合作关系。这种战略不仅有助于天合光能在巴西市场的深入发展，也符合其全球化的长远布局和可持续发展原则。

天合光能支架业务在这几年取得了长足的发展，呈现出后来者居上的势头。2020年，"天合跟踪"品牌在全球光伏跟踪支架市场及企业排行中排名第八（出货量）。根据标准普尔全球统计数据，2023年全球跟踪支架出货量"天合跟踪"排名第六，全球市占率6%，较前一年增加100%，业务增长量全球第二，是增长速度最快的企业之一。伍德麦肯兹报告指出，天合跟踪全球业务增长量第一，在南美、中东等地区排名前三。随着时间的推移，天合光能已发展成为行业内唯一一家能够提供包括光伏组件、跟踪支架及储能系统在内的全方位一体化解决方案的企业，实现持续发展和壮大。

产能全球化：瞄准海外市场进行全球产能布局

天合光能在中国的常州、盐城、宿迁、义乌、西宁、滁州、淮安、扬州、德阳、内蒙古等地设有生产基地。除了在国内布局，它还在越南、泰国、西班牙、巴西等国家建立了生产制造基地。这样的全球化产能布局，使得它能够跨国生产制造，实现了更广泛的市场覆盖和资源利用。

与此同时，天合光能正在加速上游生态建设，补齐硅片布局短板。2023年2月，天合光能在青海基地成功下线了首根210+N单晶硅棒，这一重要里程碑标志着青海基地20 GW单晶硅项目取得了重大进展。这不仅展示了天合光能在高效率N型单晶硅技术领域的突破，也进一步巩固了其在光伏产业链中的领先地位，为未来的产能扩张和技术创新奠定了坚实的基础。同年8月，天合光能越南基地210单晶硅棒成功下线，标志着海外生产基地实现了主材料的突破，为海外组件无忧交付奠定了基础。随着这两处硅片基地的建设和发展，预计2024年天合光能的硅片产能将达到60 GW，标志着天合光能实现了N型产业链一体化布局，进一步降低了组件产品的综合成本，能为客户创造更大价值。

天合光能的电池组件产能布局已经非常完善，在泰国、越南、阿联酋、印度尼西亚及美国均建有或计划建设生产基地。2016年3月28日，天合光能泰国工厂正式投产，具备年产电池片700MW、年产光伏组件500MW的产能，主要用于满足欧美市场需求。2016年5月，天合光能在越南投资1亿美元新建生产基地。该基地占地面积约4.2万平方米，配备14条业内最先进的电池生产线，生产多种单、多晶电池片，满足美国和欧洲市场的需求。2023年10月，天合光能为促进组件继续向美出口，计划在越南投资4亿美元新建一个生产基地，2024年5月开始建设，预计将于2025年3月投产，每年将生产11500吨单晶硅棒、5.55亿片单晶硅片和5.6亿块太阳能电池板。2023年10月18日，天合光能与阿联酋签署了合作备忘录，计划在阿联酋投资建设年产能5万吨硅料、30 GW晶体硅片和5 GW电池组件的工厂。这一合作将有助于天合光能在中东地区建立重要的生产基地，并进一步拓展海外市场，持续向一体化目标迈进。同年10月19日，天合光能作为中国企业代表，与印度尼西亚签署了中国-印度尼西亚合作文件，标志着两国在光伏领域的合作迈出了重要一步。根据协议，天合光能将在印度尼西亚建设该国首个光伏电池和组件生产基地。这一举措不仅能促进当地可再生能源的发展，还将加强两国在清洁能源领域的合作，推动区域经济的可持续增长。

"天合跟踪"支架在西班牙、中国、巴西均拥有生产制造基地，根据市场潜力和规划，还计划在中东地区和澳大利亚开设工厂，持续为客户提供最佳的本土化解决方案与服务。天合光能通过收购Nclave，在西班牙拥有了第一家跟踪支架制造基地，随后为了满足市场对技术快速更新迭代的要求，又在中国建了第二家跟踪支架工厂。随着国际市场业务的拓展，为了满足本土化制造要求，同时也为了进一步降低成本、提升交付效率，更好地服务巴西和拉美地区的客户，提升整个拉美地区的交付和服务效率，2023年9月，"天合跟踪"在巴西萨尔瓦多投建了全球第三家制造工厂，预计产能将达到2.5 GW。"天合跟踪"的全球年产能预计将达到10 GW，确保了其在全球光伏跟踪支架供应中的领先地位。

天合储能产能体系正在逐步搭建，储能业务前景广阔。安徽滁州和江苏盐城的生产基地正在加快建设并逐步投产，与常州总部的生产基地共同构成了一个三角形布局，这一战略部署有助于天合储能辐射并服务全球储能市场。截至2023年年底，天合储能的产能已达到12 GWh；储能舱及系统产品已成功进入欧洲、亚太、北美、中东非和拉美五大区域市场，加上中国市场，累计出货量接近5 GWh。根据预测，2030年全球新增储能装机容量将达到110 GW。

人才全球化：用当地人，管当地事

人才全球化战略让天合光能走在了全球化的前沿。在初期，公司便积极实践"用当地人，管当地事"的原则。海外分支机构中，几乎所有员工都是当地招聘的，保证了用人的灵活性和对本土资源的充分利用。与此同时，总部提供全方位的支持与信任，从业务流程管理到风险管控，无不体现对当地团队的信任和尊重。如今，随着中国员工的增加，他们成了连接总部与当地团队的纽带，促进了不同文化的融合。

天合光能的优势不仅在于在全球范围内拥有顶尖的人才团队，更在于这些团队在光储产品和系统业务方面的专业经验。团队凝聚了市场、技术和管理方面的丰富知识，使天合光能始终处于市场竞争的前沿，有助于实现其可持续发展的目标。

天合光能的国际化步伐也十分坚实。自2022年在上海设立国际总部以来，天合光能在全球多地建立了总部和分支机构，不断强化全球化人才队伍建设。近年来，公司吸引了来自超过70个国家和地区的国际化高层次管理和研发人才，使得全球员工规模增长至超过5万人。

2024年4月，天合光能董事长兼CEO高纪凡告诉我："全球化是天合光能长期坚持的企业发展战略。"从产品全球化的1.0时代到人才全球化、服务全球化的2.0时代，目前天合光能正在构建研发、产能、服务、经营管理、风险管控全球化的3.0时代，以满足全球客户的需求。2023年，天合光能光伏组件总出货量65.21 GW，同比增长51.33%。国际能源署（IEA）称，到2035年太阳能组件产能将超过1.5 TW（太瓦）。中国企业的全球化过程一定不会是一帆风顺的，需要面对复杂多样的环境、政策、市场，因此，全球化能力就形成了光伏行业竞争的壁垒，全球化竞争力领先的企业可以获得更高的市场份额和更加丰厚的利润回报。

当我问到光伏组件行业如何开拓海外市场时，高纪凡认为以下几点很重要：

1. 以客户为中心，提供优质产品和服务。在一些发展相对成熟的市场，海外客户对产品的品牌品质服务，一定看得比价格更重要。

2. 产能优化和高质量扩产并举，从而持续降本增效，进一步提高光伏发电的竞争力，构建一个高质量的生态协同体系。

3. "新三样"随着结构变化，可能会由中国产、世界销变成全球产、全球销；对企业的要求也会不断提升，从"产品出口能力"变成"企业出海能力"。企业一方面要提高全球化管理能力，另一方面也需要时间和资源的持续投入和积累。

4. 要坚持技术研发和创新引领，研发费用的长期投入一定要确保。

5. 要保护好知识产权，保护好创新，推进全球化进程。知识产权保护是高质量发展的关键，保护好知识产权，才能保护好创新。知识产权保护有利于推进高水平"走出去"战略，构建国内国际双循环新发展格局，推动全球贸易、产业合作、技术合作再创新高。

TCL：从"国际化"到"全球化"

TCL成立于1981年，由李东生创立，总部位于惠州，主要业务涵盖智能终端、半导体显示、新能源光伏和半导体材料四大领域。自1999年进军越南后，TCL已经走过了25年的全球化历程，实现了从"国际化"到"全球化"的转变。公司通过实施海外本土化战略，不仅促进了当地经济和社会的发展，还注重环境保护，致力于实现共赢。2019—2023年，TCL的海外营收从590亿元增长至1253亿元，年均增长率达到17.6%；出口额也从90亿美元增至173亿美元，年均增长率为15.2%，有效推动了海外业务的扩展和出口增长。

TCL通过旗下的TCL实业和TCL科技两大板块，布局智能终端、半导体显示和新能源光伏三大核心业务，并在全球160多个国家和地区开展业务。在部分产品领域，TCL已经取得了全球领先地位。2023年，TCL电视销量达到2526万台，成为全球销量第二、中国销量第一的公司。此外，TCL华星的电竞显示器连续9个季度占据电竞显示器全球市场份额首位，TCL中环光伏晶体晶片的全球销量也稳居全球第一。

TCL全球化发展的4个阶段

回顾TCL25年来走过的全球化历程，从最早开展对外贸易和原始设计制造商/原始设备制造商（ODM/OEM）业务到今天在全球广泛开展业务，TCL大致经历了起步、遇挫、调整、成长这4个阶段。

第一个阶段是早期海外贸易阶段。

TCL一开始与飞利浦等国际知名品牌合作，从事ODM/OEM业务，负责出口代工产品。TCL真正走出去的标志是1999年在越南收购陆氏工厂并成立分公司。以此为支点，它将业务延伸至东南亚其他国家，积累起了原始资本和工业能力。

第二个阶段是突破欧美市场阶段。

2004年，TCL并购汤姆逊的彩电业务和阿尔卡特的手机业务，国际化战略经历了重要转变，开始将业务重心从新兴国家转移到发达国家，并成功攻克了欧美市场的高贸易壁垒。此次并购虽然遭受挫折，但也奠定了TCL全球化的基础。没有这次并购，就没有TCL现在的波兰工厂和墨西哥工厂。从战略而言，2004年的并购是正确的决定，这一举动倒逼了TCL企业能力的提升，加快了TCL全球经营体系的形成。

第三个阶段是国际化拓展阶段。

TCL采用建立合资公司的方式进入南美国家巴西、阿根廷，通过品牌代理模式进入中东和非洲地区的更多国家。TCL在菲律宾建立了全球呼叫服务中心，辐射全球客户，还在波兰、美国等地设立了研发中心，并构建了海外本地化的管理、销售和研发团队，促进了产品阵型与用户数量的增长，同时增强了在国际市场上的经营能力。2009年，TCL创立TCL华星，进入半导体显示产业，通过向产业链上游延伸，提升了智能终端业务的全球竞争力。

第四个阶段是全球化运营阶段。

现在，TCL已经形成了相对完善的全球产业布局，在原有海外工厂的基础上新建和扩建了墨西哥、越南、印度、印度尼西亚等国的多家工厂，逐步从单点的国际化转向建立全球化经营体系。

本土化产业链布局

TCL已在越南、马来西亚、菲律宾、印度尼西亚、印度、巴基斯坦、波兰、墨西哥、巴西9个国家建立了生产基地，完成了在东南亚、南亚、欧洲、北美、南美等主要区域的本土化制造布局。

波兰工厂对于TCL而言具有特殊意义，它最初于1998年由汤姆逊创立并管理，2004年，随着TCL对汤姆逊彩电业务的并购，该工厂也被并入TCL并持续运营。自那时起，波兰工厂的命运便与TCL紧密相连。波兰作为欧洲的交通枢纽，为TCL提供了进入其他欧洲市场的便捷通道。随着中欧班列的启用，TCL的零部件从中国运输到波兰的时间也从30多天减少到了14天。另外，TCL累计投入近1.1亿元人民币对波兰工厂进行自动化、智能化升级改造。目前，波兰工厂已升级改造为现代化的液晶电视制造基地，年生产能力超过500万台。在这里制造的电视能够在一天内运抵法兰克福和巴黎，三天内送达包括里斯本和马德里在内的整个欧洲。波兰工厂的设立，使得TCL这一中国品牌与欧洲消费者建立了更紧密的联系，显著减少了TCL在欧洲市场的供应链建设成本，同时，它也提高了从生产、销售到物流配送整个链条的效率。

2018年中美贸易摩擦发生时，李东生与TCL高管团队一起前往美国拜访主要客户和合作伙伴。在清楚地感受到贸易摩擦的风险后，TCL决定扩建墨西哥工厂的物料仓库及3条大尺寸线体。2019年，TCL决定在墨西哥建立第二家工厂，即位于美国得克萨斯州边境附近的MASA工厂。2020年6月30日，TCL宣布其墨西哥MASA工厂一期项目首台电视机下线，成功实现了量产。这一进展加速了TCL在全球的扩张步伐，并对加强其在北美市场的竞争优势起到了至关重要的作用。

2018年，美国与中国发生贸易摩擦，美国对中国产品征收额外关税，对彩电征收的关税增加了7.5%，对空调征收的关税增加了20%。而美国市场对TCL来说至关重要，因此其海外业务受到了巨大冲击。在中美贸易摩擦之前，TCL主要向美国出口在中国制造的整机产品。面对额外的关税负担，TCL为了维持其在美国市场的份额，不得不采取牺牲利润以保持市场份额的策略，争取客户订单；同时通过改善销售渠道和产品结构，探索新的用户运营模式，以增加业务收益；在墨西哥建设生产基地，调整供应链。这些举动最终帮助TCL稳固了地位，并使其在美国的市场份额持续增长。

本地化品牌运营

经过40余年的品牌建设及积累沉淀，TCL已成为全球知名的智能科技品牌之一，跻身凯度BrandZ评选的2024年"最具价值中国品牌100强"榜单和"中国全球化品牌50强"榜单。

作为早期推进全球化战略的中国企业之一，TCL构建了以"全球化""科技化""人文化"为核心的品牌战略，旨在全球范围内塑造大国品牌形象。在当前充满变数的全球环境中，TCL在确保品牌建设安全的前提下，努力提升品牌价值，并采取"全球本土化"策略来全方位增强品牌的全球影响力。

近年来，TCL持续强化其品牌战略，积极投资全球顶级体育和娱乐IP（知识产权），以塑造独特的品牌个性。TCL的体育营销活动已广泛涉及足球、篮球、橄榄球和电子竞技等多个体育领域，与国际篮球联合会

（FIBA）、美洲杯，巴西、西班牙、意大利的国家足球队，以及英国的阿森纳足球俱乐部等建立了合作关系。同时，TCL与国际知名球星内马尔（Neymar）、安赫尔·迪马利亚（Ángel Di María）、拉斐尔·瓦拉内（Raphaël Varane）、罗德里戈（Rodrigo）、菲尔·福登（Phil Foden）、佩德里（Pedri）等人签约作为全球品牌大使，构建了全面的体育IP布局。2021年，TCL首次进军电竞领域，成为英雄联盟职业联赛的官方合作伙伴及EDG电子竞技俱乐部的战略合作伙伴，并支持EDG赢得了2021年英雄联盟全球总决赛的冠军。

本土化管理与跨文化沟通

TCL创始人、董事长李东生多次强调在全球化管理方面要适应当地市场，把在中国成功的做法与当地的实际相结合，培养当地的团队，形成当地更有效率的管理链。

TCL的经验证明，无论国家规模的大小，有些重要又关键的职务必须由中方员工担任，比如国家总经理、财务和供应链负责人。总经理需要把整个大盘管住，把干部和团队管住；财务要控制经营风险；供应链负责人要控制产品供应和库存管理。这些岗位都是要和中国总部保持密切联系的。那些与当地客户打交道的岗位，例如销售和售后服务，则一定要找当地人；和员工打交道的岗位，例如人力资源，也一定要找当地人。随着业务逐渐复杂，TCL会外派营销、售后服务和人力资源岗位的优秀人才培养当地团队。例如，TCL的波兰工厂拥有数百名员工，其中仅有5名来自中国，分别是总经理、财务总监、技术工程总监、供应链代表及质量代表。

现任TCL科技首席运营官（COO）的王成是推动TCL全球化的重要操盘手，几乎参与了TCL所有海外主要市场的开拓。2024年5月10日，王成告诉我，TCL的全球化是先失败，再成功，一步一个台阶地进步，也带来了新的成果。在全球化过程中，技术在不断更迭，企业一定要抓住技术转换的节奏。同时，全球化是一项系统性工程，很难指望派出一拨人就能立刻见效，需要几拨人接连不断地努力，才可能成功。TCL的全球化也遵循了全球化和本地化融合的基本规律，也就是global（全球化）和local（本地化）结合在一起——glocal。以欧洲市场为例，欧洲的文化与经济具有多样性，要在欧洲市场成功，本地化非常重要。在并购汤姆逊彩电和阿尔卡特手机业务的过程中，TCL吸纳了一大批具备专业技能的当地团队。很多员工至今仍在TCL工作，对TCL融入当地做出了不可替代的贡献。

跨文化融合也是一个漫长的过程。王成说道："2005年、2006年前后，我们和法国、美国的团队合作时，虽然我们是'老板'，但对方内心把我们当暴发户看。他们不仅有所谓文化和心理上的优势，对商业规则、商业技能等方面的理解也确实比我们深刻。"全球化不只是开疆拓土，还关系到在别国的商业环境中怎样生存，怎样发展，怎样和对方相处，怎样与当地团队拧成一股绳，怎样获得当地社区的认可。

推动更高水平的全球化

2024年两会期间，李东生作为全国人大代表表示："全球化是中国制造的战略发展方向，不出海就出局。面对当前国际形势，中国制造要从输出产品转变为输出工业能力。中国制造要通过更深度的全球化，把产业链供应链渗透到主要国家目标市场，建立起本土化经营能力，才能在全球竞争中争取到更多份额。"

在全球化发展布局方面，TCL将围绕三大核心产业领域，推进更高水平的全球化布局，以C端产业全球化经验为B端产业赋能。TCL智能终端已在多个国家设立生产基地，并计划进一步提高海外运营的本土化程度。在半导体显示领域，TCL华星的印度工厂已开始运营，未来将在产业、营销、研发等方面进一步推进全球化战略。在新能源光伏方面，TCL中环已在积极探索布局中东地区，未来会探讨在全球其他市场地区开拓光伏产业的可能性。

大疆：生而全球化

大疆成立于2006年，由汪滔创办，总部位于深圳，如今已发展成为空间智能时代的技术、影像和教育方案引领者。自成立起，大疆的业务从无人机系统逐步拓展为多样化的产品体系，其在无人机、手持影像设备、机器人教育、智能驾驶等诸多领域均已成为全球领先品牌。大疆凭借卓越的技术产品，重新诠释了"中国制造"的内涵，并在更多前沿领域不断创新产品与解决方案。截至2023年年底，大疆全球员工数量达1.5万人。除深圳总部，该公司还在北京、上海、洛杉矶、东京、鹿特丹、法兰克福、旧金山等18个城市设立了办公室，为全球100多个国家和地区的销售与服务网络提供支撑。

2017年，大疆全球营业额达到了180亿元，海外收入占总收入的80%。到2020年，大疆便已在全球无人机市场中占有超过80%的份额，牢牢坐稳全球民用无人机领域的头把交椅。大疆很早就占据了美国市场，在美国，每10架无人机里就有7架是大疆制造的。2015年2月美国著名商业杂志《快公司》评选的"2015年十大消费类电子产品创新型公司"榜单中，大疆作为唯一一家中国本土企业上榜，且位居第三。该榜单的第一名为谷歌，第二名为特斯拉。这充分展示了大疆在消费类电子产品创新领域的卓越表现和强大实力。2017年《麻省理工科技评论》发布的"全球50大最聪明公司"榜单中，大疆名列第25位，进一步证明了其在科技创新和商业应用方面的杰出表现。2018年，大疆的产品连续第四年被《时代》周刊评为年度电子产品。2019年，其产品又被《时代》周刊选入"10年代（2010—2019年）影响重大的十款科技产品"榜单，且为榜单上唯一的中国产品。2023年胡润研究院发布的"2023

全球独角兽榜"中,大疆位列第20名。此外,在2023年"全球无人机品牌20强"榜单中,大疆荣登榜首。

企业全球化发展

第一阶段:2006—2009年,创业阶段。

2006年创立之初,大疆只是一个小规模的无人机制造商,专注于为航拍爱好者提供高质量的航拍设备。2007年起,大疆涉足国际市场。

第二阶段:2010—2012年,成长阶段。

2010年,大疆的国际业务超过了30个国家。2011年,大疆在北美设立分公司,这一举措为其开拓海外市场奠定了基础,推动了公司的进一步发展。

第三阶段:2013—2015年,扩张阶段。

2013年,大疆推出了全球首款无人机"精灵1"(Phantom 1),该产品成功实现了相机与飞行器的完美结合,使得其国际地位显著提升,迅速成为全球无人机市场的领军企业。同年,大疆推出了被誉为"会飞的照相机"的Phantom 2 Vision,再次震撼全球,使企业销售额猛增3倍,达到了8亿元。同年,大疆还在荷兰、日本、韩国设立了分公司。2014年,大疆无人机售卖了约40万台,垄断了整个全球无人机市场,占据了全球约85%的市场份额。2015年,大疆推出了具有更强大飞行性能和更丰富功能的Phantom 3系列,它的发布再次引起了全球范围内的轰动,并进一步巩固了大疆在无人机市场的领先地位。

第四阶段:2016年至今,转型阶段。

2016年,大疆成为"独角兽"企业,并开始向车载领域转型。2019年,大疆正式启用车载品牌，并被选入"2019福布斯中国最具创新力企业榜"。同年，大疆在美国设立工厂。2021年4月，大疆宣布建立智能驾驶业务品牌"大疆车载"，正式进军自动驾驶领域。2022年，大疆车载的智能制造成熟度评价达到集成级（三级）水平，首款搭载大疆车载智能驾驶系统的量产车正式下线。

注重科技创新，拓展民用无人机应用场景

大疆一贯推崇自主研发，特别是在飞行控制系统和先进影像技术方面，通过技术创新，大疆完成了从飞控系统制造商到无人机商业帝国的完美蜕变。成立以来，大疆持续攻克技术难题，不断加大对新产品的研发投入。其业务范围从单一的无人机系统扩展到多产品体系，推出了精灵系列、禅思系列、经纬系列、灵眸系列等，构建起了以消费级无人机为主，专业级、工业级无人机和手持摄影设备为辅的完整产业链，凭借多元化的产品创新策略，营造出独特的"大疆生态圈"。截至2021年11月，大疆已在65个国家和地区申请专利超过18000件。仅在无人机领域，大疆就在欧盟及美国、日本等国家和地区获得了1800多项专利授权。

大疆还开拓了广泛的民用无人机应用场景，这也是其成功进军海外市场的关键。据了解，大疆无人机的应用范围非常广泛，包括拍摄长短视频、抢险救灾、农业浇灌、气象探测等，涉及农业、媒体、消防等多个领域。目前，大疆植保无人机占据全球植保无人机市场最大份额；大疆在海外的农业无人机销量占其全球农业无人机销量的1/3，产品广泛应用于30多个国家。大疆农业无人机在海外每个区域都努力建立良好的销售、售后和培训三位一体的

商业模式，以确保当地农户能够得到良好的售前和售后服务。此外，大疆农业无人机产品在易用性、稳定性、可靠性和性价比方面具有很大优势，因此在一些空白市场能迅速铺开，成为当地农业航空的首选。

2019年11月，坦桑尼亚面临疟疾流行的威胁。当地使用两架由大疆MG-1S农业植保机改装而成的特制无人机喷洒积水防蚊液，以消灭疟蚊，预防疟疾。2020年年初，新冠疫情在全球蔓延，欧洲、美洲和亚洲多座城市也开始使用大疆的植保无人机进行防疫消杀。同年7月，巴基斯坦面临新一轮的蝗灾威胁，中国农业农村部向巴方捐赠了12台大疆T16植保无人机，帮助当地抗击蝗灾，保护粮食安全。墨西哥原本存在较大的就业性别差距，但大疆农业无人机减少了农业生产对体力劳动的依赖。墨西哥的19岁女飞手娜奥米（Naomi）凭借技术赢得了客户的尊重和信赖，在一年时间里累计进行飞防作业220场，作业面积超过7.5万亩。

细化市场分级，制定差异化出海策略

大疆无人机在欧美市场具有独特的优势与机遇。

首先，海外市场成熟度与接受度高。海外无人机市场特别是欧美市场，由于起步较早，已经形成了相对成熟的市场体系和消费习惯。这意味着消费者对无人机的认知度高，了解其基本功能和应用场景，从而降低了市场教育成本。大疆等品牌可以直接聚焦于产品差异化、技术创新和服务优化，以吸引和巩固市场份额。

其次，欧美消费者具有高消费能力与支付意愿。欧美市场的消费者普遍具有较高的消费能力和支付意愿，尤其是在科技产品领域，他们愿意为高质量、高性能，具有创新性和专利技术的产品支付溢价。大疆凭借其领先的无人机技术和不断创新的产品设计，很好地满足了这部分消费者的需求，实现了产品价值最大化。

最后，专业用户的反馈促进了产品优化。海外市场的专业消费群体，如摄影师、电影制作人、农业从业者等，对无人机的性能、稳定性、易用性等方面有着更为专业和苛刻的要求。他们的反馈不仅能够帮助大疆识别产品中的不足和潜在改进点，还能为产品的未来发展方向提供宝贵建议。这种深度的市场互动有助于大疆不断优化产品，提升用户体验，进一步巩固其在行业内的领先地位。

大疆将海外市场分为3个细分市场，即一级市场（美国）、二级市场（欧洲）、三级市场（包括大洋洲和亚洲），并根据地区的不同采取差异化的出海策略。这种细分策略展示了一种高度定制化和地区适应性强的市场拓展方式，对于高科技、高附加值的产品如无人机来说尤为重要。

在一级市场，美国作为世界最大的经济体之一，消费能力强，科技接受度高，对无人机等创新产品的需求旺盛；同时，市场竞争也极为激烈，消费者对产品性能、品质和服务有较高要求。大疆在美国市场的主要目标是促进购买转化，这要求企业应不断优化产品体验，提供强大的技术支持和售后服务，以满足挑剔的美国消费者。同时，通过有效的市场营销手段，如社交媒体营销、合作伙伴关系建立等，提高品牌知名度和美誉度，进一步推动销售增长。

而在二级市场，英国作为大疆在欧洲的重要市场，具有引领潮流的作用。大疆通过加强在英国的市场推广，树立品牌形象，逐步向德国、法国等欧洲其他国家扩展。同时，针对欧洲市场的特定需求，推出定制化的产品和服务，如符合当地法律法规的无人机型号、多语言支持等，以增强市场竞争力。

对于三级市场，目前仍处于开拓阶段，其消费能力、科技接受度和市场成熟度不尽相同。但整体而言，市场正处于快速增长阶段，潜力巨大。

大疆的海外市场细分策略体现了企业高度的市场敏感性和灵活性。通过针对不同地区的市场特点和消费者需求采取差异化的出海策略，大疆不仅能够在成熟市场巩固地位，还能在新兴市场迅速拓展业务。该策略的成功实施，为大疆在全球范围内的持续发展和领先地位奠定了坚实基础。

大疆在积极布局海外市场的同时，也非常注重在国内市场的深耕与发展。随着国内用户对无人机认知度的不断提高，大疆在国内市场的增长也不断加速。到2018年，中国大陆地区已成为大疆增长最快的市场。

多渠道销售，全方位营销

大疆在国际市场上采用的线上线下相结合的销售策略，展现了其对于全球市场的深刻理解和精准布局。这种策略不仅充分利用了不同渠道的优势，还通过有效整合实现了销售效率和用户体验的双重提升。

线上渠道发挥更强优势。第一，购买效率高。线上渠道提供了便捷的购物体验，用户可以随时随地在官方网站或亚马逊、eBay等第三方电商平台上浏览产品信息，比较不同型号，查看用户评价，并快速完成购买流程。这种即时性和便利性极大地提高了购买效率。第二，覆盖群体广泛。电商平台和社交媒体具有全球性的覆盖范围，使得大疆的产品能够触达更多潜在用户。无论是城市还是偏远地区，只要有互联网连接，用户都能轻松获得大疆的产品信息。第三，高效的数据驱动。线上销售还带来了丰富的数据资源，包括用户行为数据、销售数据等。这些数据有助于大疆更精准地了解市场需求、用户偏好和购买习惯，从而优化产品设计和营销策略。

线下渠道产生附加价值。第一，产品体验感非常好。线下门店和代理商提供了真实的产品体验环境，用户可以直接触摸、试用无人机，感受其性能、稳定性和操作便捷性。这种亲身体验对增强用户信心、促进购买决策具有重要意义。第二，提供专业且免费的咨询服务。线下渠道的工作人员通常具备丰富的产品知识和专业技能，能够为用户提供专业的咨询和解答服务。这种一对一的服务有助于消除用户的疑虑，提升品牌形象和用户满意度。第三，品牌的充分展示。线下门店和代理商也是大疆品牌形象的重要展示窗口，通过精心设计的店面布局、产品陈列和品牌形象宣传，大疆能够向消费者传递其品牌理念、产品特点和企业文化，增强品牌认知度和美誉度。

线上和线下渠道的有机结合，形成了一个完整的销售闭环。用户可以在线上了解产品信息，比较价格，查看评价，然后到线下门店进行产品体验、咨询和购买；或者在线上下单，到店自提或享受送货上门服务。

2016年3月1日，大疆在纽约正式推出新款无人机——Phantom 4（大疆精灵4）。大疆宣称，该款无人机除可在官网预订，全球的苹果专卖店也将首批开售，消费者可以前往附近的苹果专卖店购买。大疆与苹果专卖店之间建立了独家零售关系，这不仅为Phantom 4的初期销售提供了强有力的支持，还为大疆后续产品的市场推广奠定了坚实的基础。另外，大疆还专门派人到苹果专卖店开展Phantom 4的销售培训工作。据报道，有超过400家苹果专卖店对这一款无人机进行了展示。独家销售期结束后，大疆也将逐步把Phantom 4引入其他零售渠道，以进一步扩大市场份额，满足更多消费者的需求。同时，大疆也继续加强与其他知名品牌的合作，探索更多元化的销售渠道和营销策略，以保持其在无人机市场的领先地位，并持续推动行业的创新与发展。

大疆在品牌营销上的策略非常全面且富有成效，特别是在海外主流社交媒体上的精耕细作。通过和KOL合作，大疆极大地提升了品牌曝光率和知名度。目前，大疆在YouTube、Instagram和Facebook等平台上的粉丝数已累计超1000万。

大疆深知KOL在社交媒体上的影响力，因此积极与头部媒体及"网红"进行合作。这些KOL不仅拥有庞大的粉丝基础，更具备专业的内容创作能力和粉丝信任度。通过邀请他们进行广告合作和内容评测，大疆迅速扩大了品牌传播范围，提升了产品的可信度和吸引力。例如，邀请凯西·奈斯塔特（Casey Neistat，被称为"vlog之父"）和乔纳森·莫里森（Jonathan Morrison，黑科技发烧友和科技领域YouTuber）等大咖代言，无疑为大疆无人机产品增添了更多的光环和话题度。除了和KOL合作，大疆还非常注重线上社区的建设，推出DJI FORUM和SkyPixel两个平台，分别满足用户的技术交流和创作分享需求。DJI FORUM作为技术交流的场所，聚集了大量无人机爱好者和专业人士。他们在这里分享使用心得，解决技术难题，探讨创新应用。这种深度互动不仅增强了用户对品牌的忠诚度，还促进了产品技术的持续改进和优化。SkyPixel则是一个全球性的航拍创作分享平台，吸引了众多航拍爱好者和专业摄影师入驻。他们在这里展示自己的航拍作品，交流创作经验，参加摄影比赛。这种创作氛围的营造不仅激发了用户的创作热情，也进一步提升了大疆无人机在航拍领域的品牌形象和市场地位。

通过与KOL合作和线上社区建设，大疆成功实现了社交裂变。用户在享受产品带来的乐趣和便利的同时，也乐于在社交媒体上分享自己的使用体验和创作成果。这种自发的口碑传播极大地提升了品牌的曝光率和知名度。此外，大疆还通过精心策划的营销活动、新颖的广告创意以及高质量的内容输出等手段，不断吸引新用户关注并将其转化为忠实粉丝。

作者手记

大疆堪称中国企业"生而全球化"的典型范例。自创立之初，大疆便将目光聚焦于开拓海外发达国家市场，这与大多数中国企业"农村包围城市"的出海模式截然不同，难度可想而知。时至今日，大疆海外营收在总营收中的占比已超过80%，事实表明，大疆的全球化之路独树一帜。

自2016年起，美国对大疆的制裁不断升级。然而令人欣喜的是，长期以来，大疆在消费级无人机市场始终保持着70%以上的市场占有率，在全球最为高端的北美市场，其市场占有率更是达到85%以上。美国给大疆加关税，大疆反手就涨价，把关税成本转嫁给了美国本土的消费者，令人惊讶的是，涨价后大疆的市场占有率不降反升。反制成功的背后，其实是大疆强大的技术力和足够的产品竞争力。

大疆值得中国企业学习的方面包括：

1. 技术创新和研发能力：不断加大研发投入，推动产品和技术创新。

2. 全球化市场拓展：在全球范围内建立了强大的销售网络和服务体系，成功打入国际市场，不断提升品牌国际影响力。

3. 品牌建设：高度注重品牌价值和企业社会责任，树立了良好的企业形象和口碑。

4. 产业生态建设：在航拍领域构建了完整的产业生态系统，与合作伙伴共同推动行业发展，共同促进产业链上下游的协同发展。

5. 用户体验和服务质量：注重用户体验，在产品设计和售后服务上不断提升质量，赢得了用户的口碑和忠诚度。

名创优品：全球零售业中的超级品牌

名创优品成立于2013年，由叶国富创立，总部在广州。该公司已经成功培育了两个品牌——名创优品和TOP TOY，并将名创优品发展成为一个全球知名的零售品牌。目前，名创优品提供超过1万个精选最小存货单位（SKU），横跨11个主要产品类别，包括生活家居、小型电子产品、纺织品、包袋配饰、美妆工具、玩具、彩妆、个人护理、零食、香水、文具及礼品等。

2015年，名创优品启动全球化战略，公司正式开始拓展国际市场。2021年，名创优品的全球门店网络实现了约180亿元人民币的商品交易总额（GMV），占全球自有品牌综合零售市场份额的6.7%，超越大创和无印良品，成为该赛道全球第一。

2023年，公司总体营业收入138.39亿元，海外市场实现了47.05亿元营收，占公司总营收的34%。值得注意的是，名创优品在这一年已经成功拓展至全球111个国家和地区，并在全球范围内运营超过6400家门店，其中国内门店共3900多家，海外门店近2500家。

企业发展历程

第一阶段：2013—2014年，车库创业，零售新生。

2013年，名创优品的创始人叶国富在海外旅行中受到启发。他注意到日本当地有许多专门销售日用百货的店铺，这些店铺提供的商品不仅质量上乘、设计吸引人，而且价格合理。实际上，大部分商品都是"中国制造"。

受到这种商业模式的启发，基于对零售行业的热爱和对市场潜力的信心，叶国富回国后创立了名创优品。与苹果、亚马逊、谷歌等企业的车库创业故事相似，名创优品的起点也是在广州的一个地下车库。

第二阶段：2015—2017年，全球化发展扩张。

2015年，名创优品启动全球化战略，正式进军海外市场，在新加坡开设第一家海外门店。2016年，名创优品先后进驻东南亚、大洋洲和拉美地区市场，与韩国、澳大利亚、美国、土耳其等多个国家达成合作。2017年，名创优品在美国和加拿大开设了多家门店，扩大在北美的市场布局。至此，名创优品覆盖了21个国家和地区，全球门店总数超过了2300家。

第三阶段：2018年至今，全球IP联名集合店。

2018年，名创优品的海外门店数量突破1000家，全球门店总数超过3400家。2020年，名创优品在美国纽交所上市，并宣布其业务已扩展至全球80多个国家和地区。同年，创始人叶国富于业内首次提出"兴趣消费"概念，启动IP发展战略，在"极致性价比"的价值追求上不断创新升级。2022年，名创优品在港交所挂牌上市，公司正式迈入新征程，成功进入全球100多个国家和地区，在全球范围内拥有5400多家门店。2023年，公司召开全球品牌战略升级发布会，正式启动品牌升级战略，打造超级品牌，与全球超百个IP版权方进行合作，全球化发展迈向新阶段。

超级门店：品牌升级显成效，单店营收创新高

2023年5月，名创优品出现在被誉为"世界的十字路口"的纽约时代广场（见图7-4）。在时代广场42街和第七大道的交叉口，近千平方米的名创

优品门店临街而设，成为这里唯一的中国品牌。此次入驻，被视为名创优品冲击美国市场的重要一环。纽约时代广场店首月业绩接近1000万元人民币，创下了美国名创优品门店单店单月销售额的新高纪录。据美国彭博社报道，名创优品在时代广场的新店开业不仅标志着又一家分店的成立，也体现了创始人叶国富致力于将名创优品打造成"全球化超级品牌"的强烈愿景。

图7-4 名创优品美国纽约时代广场店

2023年8月，名创优品位于广州北京路核心商圈的旗舰店销售额超过500万元，打破了名创优品国内单店单月销售纪录。

紧接着，2023年10月，名创优品首家以三丽鸥为主题的IP限定店在印度尼西亚热门购物中心Margo City Store隆重开业。开业首日销售额创东南亚地区门店历史新高，首月更是以600多万元人民币的销售额业绩，在海外掀起一波消费热潮。

2023年11月10日，名创优品全球首家盲盒店在伦敦市中心的沙夫茨伯里大道火爆开业。开业首日，该店的业绩超越了英国历来单店单日业绩的最高额，创下了海外单店日坪效的新纪录。

如今，名创优品已将全球化作为发展战略之一，它的足迹已遍布北美、欧洲、中东、东南亚、拉美等区域。在纽约曼哈顿第五大道、巴黎繁华的老佛爷百货旁边、伦敦顶级商圈韦斯特菲尔德购物中心、迪拜购物中心等海外寸土寸金之地，名创优品都陆续亮出了招牌。在一些门店的旁边，还盘踞着全球最为知名的大牌，如爱马仕、LV等。名创优品计划继续在黄金地段扩张，包括意大利的罗马和米兰、法国巴黎香榭丽舍大街等世界著名的商业街区，以在海外高端商业地带展现中国品牌标识。

2024年4月，叶国富向我表示，只有超级门店才能在消费者心目中建立起品牌强大的印象，大店创造大业绩。虽然大店的投入是普通门店的2倍左右，但由于客单价高、人流量大，单店店销反而更好。超级门店对公司整体业绩产生了积极的拉动作用。

出海新解法：着眼全球化，着手本地化

名创优品之所以能在海外市场持续扩张，得益于其采用的本土化代理模式和营销策略。通过与当地资源丰富且具备零售经验的代理商合作，公司实现了本地化经营和业务规模的扩大。例如在墨西哥市场，名创优品和当地零售巨头卡索集团的老板卡洛斯·斯利姆·埃卢合作。卡索集团经营着包括墨西哥第二大连锁超市Grupo Sanborns和Sanborns百货在内的多项业务。名创优品利用这些资源，在墨西哥迅速扩张，还搭建起了电商网络平台，线上线下形成联动，在当地取得了超高知名度。

以印度尼西亚市场为例，在名创优品的当地团队中，当地员工的比例超过90%，而核心职位则由少数中国员工担任。名创优品在设计玩偶、包袋及部分产品的包装时，会融入当地的文化元素，以更好地适应和尊重当地市场。印度尼西亚门店初开业时，由于宗教信仰，当地员工要每天多次祈祷，门店负责人给店员排班总有冲突和障碍，偶尔还会出现店员在工作时间突然消失的情况。为了适应印度尼西亚的宗教习惯和基础设施条件，名创优品在印度尼西亚的门店里特别设立了祈祷室，方便员工祈祷，节省他们往返祈祷场所的时间。此外，由于印度尼西亚基础设施建设不足，为了满足民众的健身需求，每周日，当地的主干道会被用作运动场地，禁止车辆通行，为居民提供一个安全的运动环境。名创优品印度尼西亚团队据此筹办了MINISO Festival，邀请消费者参与跑步、骑行等活动。

超级IP：行业公认的联名"大佬"，IP联名频频爆单

2023年，名创优品与芭比品牌合作，在中国和美国推出了超过120款联名新品（见图7-5）。芭比系列产品的售罄率在上线两周内达到了70%。在美国的4家主要门店中，这些产品一上架便迅速被抢空。在中国长沙开设的芭比主题店开业一周后，销售额比开业前一周增长了170%，接近一半的产品在网上已经售罄，全国多家门店的热门产品也出现了缺货现象，网络上甚至出现了为购买这些产品而发起的"帮买"活动。

图7-5　名创优品时代广场店芭比联名产品上新

叶国富阐述了IP战略全球化的理念，认为年轻人热衷的圈层文化具有全球共通性，能够超越地理和文化界限传播，像漫威、迪士尼这样的全球知名IP的流行就证实了这一点。全球的年轻人都可以通过"兴趣消费"产生更紧密的联结，表达个性化的态度和主张。名创优品不断打造深受海内外年轻人喜欢的生活潮流消费高地，凭借IP联名实现品牌影响力和业绩的双增长。

"兴趣消费"的概念由叶国富在2020年首次提出。在他看来，当前年轻人的消费行为主要受兴趣驱动。他们不再仅仅关注价格和功能，而是更愿意为情绪价值付费。"消费的本质是开心。"叶国富表示，开心快乐是全人类的集体追求，IP则是通往开心的捷径。

叶国富告诉我：名创优品要成为一个在全球非常有竞争力的超级品牌、一家伟大的企业。未来，只有三种模式的企业更具价值，能在全球化中活得更好——超级平台企业，如亚马逊、阿里巴巴、京东；超级技术企业，如苹果、特斯拉、华为；名创优品则致力于成为"超级品牌"，类似星巴克、耐克、农夫山泉。为了达成这一目标，名创优品需要实现三个转变：首先，从依赖渠道的品牌转变为建立自有渠道的品牌；其次，从传统零售企业转变为专注于兴趣消费的内容驱动型企业；最后，将顾客转化为忠实用户。

关于如何让名创优品的业务发展再上一层，叶国富给出的答案是：一切面向海外，一切面向产品。在海外市场，名创优品还有巨大的增长空间，海外市场正逐渐成为公司的增长引擎。因此，"从成本领先到构建差异化"，深度参与全球零售市场的竞争，成为公司整个战略升级的重要一环。作为与100多个全球知名IP授权方建立深度合作关系的公司，名创优品通过合作，突破了产品创新和市场扩张的限制，将"中国极致的供应链+全球超级IP"两大资源优势结合，打造了全球IP联名集合店，以高性价比开启了IP的普惠时代，引领了全球生活潮流趋势，走出了全球化超级品牌的独特路径。

作者手记

2023年，义乌市的出口额高达5005.7亿元，汇集了26个大类、210多万种商品。虽然义乌商品走向了全世界，但是很少有人能叫得出一个义乌商品的品牌。名创优品却能在不到10年的时间里把产品做出自己的品牌，并在海外拥有2487家门店（截至2023年12月31日），在最贵的地方卖着自己的货。中国企业出海，再也不能只走"价廉物美"的传统路线。"价廉物美"作为营销手段是可以的，甚至作为出海第一阶段的阶段性促销策略也是可以理解的，但它不应再是中国制造的唯一撒手锏和长期武器，因为"价廉物美"不可能把中国制造带到一个更高的维度。中国企业全球化，更应该想怎样突围，而突围需要长期大量资金投入，所以"价廉"绝对不是长久之计。

名创优品值得中国企业学习的方面包括：

1. 产品创新和设计：以"简单、优雅、有品位"的设计理念著称，注重产品的外观设计和用户体验，这对于吸引消费者和提升品牌形象非常重要。

2. 供应链管理：通过精细化的供应链管理，实现了高效的库存管理和成本控制，使得产品价格相对亲民。这对于提升竞争力和降低运营成本具有重要意义。

3. 线上线下融合：在线上和线下渠道之间实现了良好的融合，既有线下实体店的购物体验，又有线上购物的便捷性。

4. 品牌营销和社交化营销：善于通过社交媒体、线下活动等方式进行品牌宣传和营销推广，与全球各国消费者建立了非常紧密的互动关系，大大提升了品牌知名度和用户忠诚度。

5. 快速响应市场：善于捕捉市场的变化，从而灵活调整产品结构和营销策略，快速响应和满足全球各国消费者的需求。

后记

非常感谢出海远民的同事们，他们为我收集了大量的企业案例信息，也做了大量的文字校对工作。尤其是滕雯洁、史祎、王丽婷、张梦瑶、王鑫雨和蔡杲宇等，他们和我一样相信中国企业全球化的趋势，也非常愿意长期地把我们的经验分享出去。

也非常感谢蓝狮子的大力支持，协助我连续出版了两本关于中国企业全球化的书。第一本《华为全球化》出版以来，获得了市场的一致好评，也成为很多企业制定全球化战略的参考书。经常有读者和我取得联系，讨论企业全球化的话题，正是他们的鼓励，才给了我写第二本书的动力。在此也特别感谢蓝狮子编辑李姗姗、宣佳丽、钱晓曦，她们给了我很多修改意见，让本书变得更加专业。

我在写作过程中查阅了大量网上相关文章和企业新闻等，在此感谢所有文章和新闻的撰写者对企业出海情况的关注和报道。

由于创作时间仓促，作者水平有限，文中肯定有很多不足之处，诚请广大读者指正。中国企业全球化，涉及各行各业和多个国家，要想形成供中国企业可复制、可借鉴的通用模式和经验，唯有逐渐积累，这需要出海企业和参与者积极分享案例和经验。所以，欢迎广大读者联系作者，加入线上和线下的讨论。

当前国际局势扑朔迷离，几乎天天都有影响世界格局的大事发生，很多读者和企业家朋友都对未来中国和中国企业全球化的趋势充满疑惑，甚至焦虑。我也有同感，作为"70后"的我和"80后""90后"三代人一路走过来，一直享受着中国改革开放和经济全球化的红利，所谓"夏蝉不知冬雪"，我们完全没有经历过"逆全球化"。

2024年6月底，我去了新加坡，在全球化论坛上见到了新加坡常驻联合国前代表、新加坡国立大学亚洲研究院卓越院士马凯硕。他的观点高屋建瓴，认为"亚洲世纪"正在开启，因为东盟代表着6.7亿人口，20倍增长的中产阶级，中国和印度、东盟国家的和睦相处，对未来的中国全球化非常重要。然而很奇怪的是，西方世界完全不谈论这个话题。同时，他也强调中美博弈将是未来全球化的主旋律，未来几年世界将精彩不断，无论下一届美国总统是谁，中国的压力都会继续增大。但他显然更加看好中国对未来全球化的引领作用，也透露了美国前国务卿基辛格博士和他分享的一个观点，那就是美国虽然开启了和中国的博弈，但是缺乏一个长期、清晰的战略。所以说，中国对待台海和南海的危机，一定要更加有大国的风范和耐心。

同年7月，我去了美国的哈佛商学院、福耀美国工厂和万象美国公司。8月，又去了德国、西班牙、巴西、智利等国。无论走到哪里，中美博弈和中国企业全球化都是大家谈论的主要话题。因此，我特意请教了亚布力中国企业家论坛创始人田源。他在1990年就被公派美国留学，组织过多次中美商业领袖圆桌会议。他很淡定地对我说，一年中有春夏秋冬，中美经历了合作的蜜月期，中国也被认为是全球化最大的受益方，有了春夏秋，一定会有冬，而且冬天一定会来。

在本书定稿之际，我采访了很多中国企业家和国际友人，这让我更加坚信，中国企业全球化的趋势不会变。从短期来看，我们要放弃幻想，做好更坏的打算；从中长期来看，中美博弈到一定阶段，双方把所有"牌"都打完以后，一定会回到谈判桌前，一定会有更好的、符合中美两国共同利益的解决方案，这也符合世界人民的共同期待。

中国企业全球化将是一个长期的过程，我们的企业家朋友们，一定要执行长期的全球化战略，坚持不懈，聚焦核心竞争力，不断学习先进经验，不断积累国际化人才和跨文化管理经验，相信国际舞台上一定会涌现出一大批具有全球化竞争力的一流中国企业。

陈攀峰

2024年9月16日

参考文献

[1] 中国新闻网.促贸易投资合作交流 第七届丝绸之路国际博览会在西安开幕[EB/OL].（2023-11-16）[2024-12-12]..https://www.chinanews.com.cn/cj/2023/11-16/10113195.shtml.

[2] 习近平外交思想和新时代中国外交.全球经贸格局重构与高质量共建"一带一路"[EB/OL].（2023-09-22）[2024-12-12].http://cn.chinadiplomacy.org.cn/2023/09/22/content_116704153.shtml.

[3] 中国国际贸易促进委员会.中国贸易报:针对中企对外投资，中国贸促会这份报告干货满满![EB/OL].（2024-04-02）[2024-12-12].https://www.ccpit.org/a/20240402/20240402wxa6.html.

[4] 全国工商联."一带一路"沿线中国民营企业现状调查研究报告[EB/OL].（2019-11-21）[2024-12-12].https://www.yidaiyilu.gov.cn/wcm.files/upload/CMSydylgw/201911/201911210514038.pdf.

[5] 北京青年报.四大阶段支撑中国企业全球化之路[EB/OL].（2018-12-30）[2024-12-12].https://www.sohu.com/a/285602371_148781.

[6] 中国日报网评：外贸提质再升级 出口"新三样"为经济增长注入新动能[EB/OL].（2024-01-25）[2024-12-12].https://www.163.com/dy/article/IPA5FB0J0514R9KE.html.

[7] 成都商报."卷"向全世界 锂电产业链出海如何突破重围？[EB/OL].（2023-12-22）[2024-12-12].https://www.sohu.com/a/746074607_289979.

[8] 36氪.最前线|中创新航欧洲工厂预计2025年底投产，一期产能15GWh[EB/OL].（2023-11-23）[2024-12-12].https://new.qq.com/rain/a/20231123A03GKB00.

[9] 证券之星.中国医疗器械出海：技术平权时代的投资新机遇[EB/OL].（2023-12-13）[2024-12-12]..https://baijiahao.baidu.com/s?id=1785141769691150634&wfr=spider&for=pc.

[10] ZEALER.诺基亚兴衰史：科技浪潮与冰川消融（上篇）[EB/OL].（2022-07-04）[2024-12-12].https://36kr.com/p/1810411598628485.

[11] 光明日报.从IBM看本地化策略[EB/OL].（1999-03-24）[2024-12-12].https://www.gmw.cn/01gmrb/1999-03/24/GB/18005%5EGM11-207.HTM.

[12] MBA智库·咨讯.IBM：扁平世界的全球化战略[EB/OL].（2012-12-07）[2024-

12-12].https://news.mbalib.com/story/43309.

［13］Company history.特斯拉发展史[EB/OL].（2022-12-12）[2024-12-12].https://mp.weixin.qq.com/s/s1ILtJ90jUGOpZQDrrPyqg?from=industrynews&version=4.1.22.6014&platform=win.

［14］汽车通讯社.解密特斯拉的全球扩张之路[EB/OL].（2021-09-06）[2024-12-12].https://mp.weixin.qq.com/s/eFnuUlzdMJBVFgDIR5i36A?from=industrynews&version=4.1.22.6014&platform=win.

［15］日中资本市场.从"日本制造"走向国际看中国品牌出海[EB/OL].（2018-03-17）[2024-12-12].https://www.sohu.com/a/225739171_481520.

［16］吴晓燕.韩国企业跨国经营的特点与启示[J].四川师范学院学报（哲学社会科学版），1997（05）:120-123.

［17］出海领航黄兆华著《出海征途》连载：韩国三星的全球化[EB/OL].（2020-06-08）[2024-12-12].https://www.163.com/dy/article/FEJKF9QD0539DLLP.html.

［18］中国交建.中国交通建设集团有限公司.公司概况[EB/OL].https://www.ccccltd.cn/aboutus/gsgk/.

［19］文旅中国.携程登陆港交所 中概股回归交易日趋活跃[EB/OL].（2021-04-20）[2024-12-12].https://baijiahao.baidu.com/s?id=1697526688196976382&wfr=spider&for=pc.

［20］中新经纬.境外经济贸易合作区高质量发展报告2023：九成在"一带一路"国家，浙江投资额占总量1/3[EB/OL].（2023-10-20）[2024-12-12].https://www.jwview.com/jingwei/html/10-20/563163.shtml.

［21］澎湃新闻.专访TCL华星CEO赵军：必须争分夺秒，跑在技术开发最前沿[EB/OL].（2023-12-25）[2024-12-12].https://www.thepaper.cn/newsDetail_forward_25785319.

［22］海尔官网.海尔出海记：从"其他品牌"到"世界名牌"[EB/OL].（2023-07-28）[2024-12-12].https://www.haier.com/press-events/news/20230731_212621.shtml.

［23］36氪研究院.2023—2024年中国企业出海发展研究报告[EB/OL].（2024-01-30）[2024-12-12].https://www.36kr.com/p/2625803603557512.

［24］国金证券.2024年汽车行业出口专题报告：汽车出海的三阶段，资本、产品和产能出海[EB/OL].（2024-01-26）[2024-12-12].https://www.vzkoo.com/read/202401266dd9a4c38c2b3e05d80b510e.html.

［25］第一财经研究院.跨越山海|2022中国企业全球化报告（执行摘要）[EB/OL].（2023-07-31）[2024-12-12].https://img.cbnri.org/files/2023/08/638264863655050000.pdf.

［26］人民网.中东地区经济持续复苏（国际视点）[EB/OL].（2023-04-17）[2024-

12-12].http://world.people.com.cn/n1/2023/0417/c1002-32665659.html.

［27］澎湃新闻.数说世界|沙特阿拉伯有多年轻？[EB/OL].（2023-04-18）[2024-12-12].https://www.thepaper.cn/newsDetail_forward_22651909.

［28］人民网.非洲加快经济发展步伐（国际视点）[EB/OL].（2024-02-22）[2024-12-12].http://world.people.com.cn/n1/2024/0222/c1002-40181002.html.

［29］王朝晖.跨文化管理概论[M].北京:机械工业出版社，2020.

［30］发现报告.中国贸促会研究院：中国企业对外投资调查报告2022年版[EB/OL].（2023-12-21）[2024-12-12].https://www.fxbaogao.com/view?id=4070052.

［31］风云地产界.北新建材12年诉讼见曙光，27亿买来什么教训？[EB/OL].（2021-04-10）[2024-12-12].https://www.sohu.com/a/460001327_120117932.

［32］富达国际.中国企业的ESG实践[EB/OL].（2023-05-24）[2024-12-12].https://www.fidelity.com.cn/media/PDF/esg/esg-priorities-in-china-zh.pdf.

［33］普华永道.ESG战略：领航企业可持续转型和价值创造[EB/OL].（2023-09-21）[2024-12-12].https://www.pwccn.com/zh/services/issues-based/esg/sustainable-transformation-and-value-creation-leading-enterprise-jan2024.html.

［34］"走出去"信息服务平台——上海市商务委员会.中铁进军欧洲第一步折戟波兰"中国打法"失灵始末[EB/OL].（2012-02-01）[2024-12-12].https://ofdi.sww.sh.gov.cn/alfx/11926.jhtml.

［35］钛媒体.摩拜单车亚太区大幅裁员，或放弃国际业务[EB/OL].（2019-03-11）[2024-12-12].https://www.tmtpost.com/3811409.html.

［36］上海证券报.比亚迪，欧洲再布局[EB/OL].（2023-12-23）[2024-12-12].https://mp.weixin.qq.com/s/vMFHXTrmdKpgzb8XGHE0Wg?from=industrynews&version=4.1.20.6024&platform=win.

［37］微信公众号小见说车.日媒:比亚迪汽车的"白船"打开了欧洲市场的大门[EB/OL].（2024-03-05）[2024-12-12].https://mp.weixin.qq.com/s/7SOFjFqV2lwLHTz1VcoJBA?from=industrynews&version=4.1.20.6024&platform=win.

［38］腾讯网.挺进欧洲布局全球 比亚迪携三款新车亮相巴黎车展[EB/OL].（2022-10-27）[2024-12-12].https://new.qq.com/rain/a/20221027A02LAC00.

［39］天合光能官网.天合光能公司简介[EB/OL].https://www.trinasolar.com/cn/our-company.

［40］第三届"一带一路"国际合作高峰论坛开幕之际印度尼西亚总统见证天合光能印尼投资合作项目签约[EB/OL].（2023-10-18）[2024-12-12].https://mp.weixin.qq.com/s/

W7vMpT4SVKJGW6rEpUxcwg.

［41］数英网.一波美洲杯营销神操作，解锁TCL的全球化营销新版图[EB/OL].（2019-07-08）[2024-12-12].https://www.digitaling.com/articles/182846.html.

［42］36氪.TCL是怎么在美国卖高端电视的？|商业Friday[EB/OL].（2024-03-01）[2024-12-12].https://www.36kr.com/p/2670187627853315.

［43］环球无人机.航迹遍布六大洲！大疆农业无人机出海：国外农民也受益[EB/OL].（2022-12-02）[2024-12-12].https://mp.weixin.qq.com/s/VWKoFIeu76hUOwL3gSfwUA?from=industrynews&version=4.1.22.6009&platform=win.

［44］Social Stories.大疆凭什么在海外乘风破浪？[EB/OL].（2020-08-14）[2024-12-12].https://zhuanlan.zhihu.com/p/183713994.

［45］第一财经YiMagazine.名创优品：冲击全球化"超级品牌"[EB/OL].（2023-10-31）[2024-12-12].https://mp.weixin.qq.com/s/8teB7XB568MnnZyx6UiYYQ.

［46］赢商网.重新认识名创优品[EB/OL].（2023-03-10）[2024-12-12].https://mp.weixin.qq.com/s/dQ1ay14n41f4ROl2rdxgiQ.